U0137261

觀人於細
別讓行為出賣你

萬劍聲——著

人主要透過行為舉止來實現自己的目的，
所以，**行為舉止當中隱藏了大量真實的資訊，**
這些資訊往往是慢慢聚集清晰的。

觀人於細，察人於形

有人說，世界上最善良的是人；也有人說，世界上最殘忍的是人；還有人說，世界上最不可理喻的也是人……，總之，對於人的看法，人們眾說紛紜。但是有一點大家是共識的，人是一種非常複雜的動物。

做爲群居社會中的一分子，一天當中的時間多半都在和形形色色的人打交道。這些人當中，有知心朋友，也有競爭對手，要想識別他們是非常不容易的。

可見，要跟人相處是頗費心思的。但是生活在這個社會上，不可避免而又別無選擇地要和各種各樣的人打交道。這就要求我們每個人必須具備一雙能看透人心的慧眼，儘量準確地判斷人、識別人，親近可交之人，遠離奸佞小人。

雖然人很複雜，但並不是說不可識別的。畢竟，世上任何事情都有蹤跡可循、有端倪可察，人也是一樣。看到別人眉開眼笑，我們知道這是內心高興的表現；看到對方義憤填膺、怒髮衝冠，我們知道這是對方發脾氣的前奏曲；看到對方說話吞吞吐吐、支支吾吾，可以想見其中必有隱情或不可告人的祕密；看到對方說話筆筒倒豆子——直來直去，可以知道對方

是個爽快之人；一個人喜歡穿奇裝異服、打扮另類，可以瞭解到對方個性很強，喜歡獨樹一幟；一個人目光呆滯、神情冷漠，必是受了什麼打擊所致。總而言之，人的外在表現都是內心情感的一種流露，所謂「喜形於色」就是這個道理。只要你留心觀察，你就能練就「識人心」、「一眼看穿」的高超識人技巧。

一旦你具備了這樣的能力，你就能在周圍的環境中，識別出誰是可以改變你命運的貴人，誰將是阻礙你進步的小人，並讀出潛藏在他人內心的祕密，從而使自己在人際交往中做到遊刃有餘、八面玲瓏。

目錄

根據行為舉止識別對方
PART 1

人主要通過行為舉止來實現自己的目的，所以，行為舉止當中隱藏了大量真實的資訊，這些資訊往往是慢慢聚集清晰的。我們的難度在於必須提前做出判斷和反應，否則，恐怕就會比較被動了。人與人交往，吃虧的都是被動的一方。

目錄
CONTENTS

PART 2 根據衣著打扮識別對方

衣著是思想的形象，這和有錢沒錢無關。學會從衣著打扮看人識人，就很容易迅速掌握對方的性格與愛好。這是最簡單的方式之一。

目錄
CONTENTS

根據生活細節識別對方
PART 3

著名牧師華理克說：「性格其實就是習慣的總和，是你習慣性的表現。」生活習慣不僅透露出一個人的性格，還可反映人的潛意識，反映人潛在的願望。所以，從生活習慣觀察人，是掌握人內心活動的捷徑。

別讓行為出賣你

目 錄
CONTENTS

根據行爲舉止識別對方

P A R T 1

人主要通過行為舉止來實現自己的目的，
所以，行為舉止當中隱藏了大量真實的資訊，
這些資訊往往是慢慢聚集清晰的。
我們的難度在於必須提前做出判斷和反應，
否則，恐怕就會比較被動了。人與人交往，吃虧的都是被動的一方。

1 從眼神窺視對方動機

愛默生說：「人的眼睛和舌頭所說的話一樣多，不需要字典，卻能從眼睛的語言中瞭解整個世界。」的確是這樣，眼睛的語言，是人臉部的主要表情之一，它與一個人的思想感情是有著密切的不可分割的關係的。一個人的所思所想很多時候會通過他的眼神表現出來，所以，通過觀察一個人豐富的眼睛語言，也可以在某種程度上對他有一個大致的瞭解和認識。

當一個人對另外一個人產生了好感，他沒有用語言表達出來的時候，多會用一種帶有幸福、欣慰、欣賞等感情交織在一起的眼光不住地打量對方。

當一個人表示對另外一個人的拒絕時，他會用一種不情願，甚至是憤怒的眼神，輕蔑地進行嘲諷。

當一個人看另外一個人時，用眼光從上到下或是從下到上不住地打量時，表示了對他人的輕蔑和審視。而且這個人有良好的自我優越感，不過有些清高自傲，喜歡支配別人。

在談話的時候，如果有一方眼光不斷地轉移到別處，這說明他對所談的話題並不是十分地感興趣，另一方發現到這種情況以後，應該想辦法改善這種局面。

在談話中，一方的眼神由灰暗或是比較平常的狀態，突然變得明亮起來，表示所談的話題是切合他心意的，引起了他極大的興趣，這是使談話順利進行的最好條件和保證。

在兩個人的談話中，一個人在說話時，既不抬頭，也不看另外一個人，只顧說自己的，在相當程度上是表示對另外一個人的輕視。

當一個人用眼睛長時間地盯著另外一個人時，絕大多數情況都是期待著對方給予自己一個想要的答覆。這個答覆的內容是多種多樣的，可能是一項計畫的起草，可能是一份感情的承諾，不一而足。

當一個人用非常友好而且坦誠的眼神看另外一個人，間或地還會眨眨眼睛，說明他對這個人的印象比較好，他很喜歡這一個人，即使他犯了一些小錯誤，也可以給予寬容和諒解。

當一個人用非常銳利的目光、冷峻的表情審視一個人的時候，有一種警告的意思。

2 從表情判斷對方情緒

在人類的心理活動中，表情是最能反映情緒表面化的動作，中國傳統的人相學以臉型、相貌等預測一個人的性格與命運，雖然有失偏頗，但如果憑面部表情來推測和判斷一個人的性格，大致上還是有相當的準確性的。

因爲我們就憑常識也知道表情是內心活動的寫照。透過表像窺探心靈的律動，把握情緒變化的尺度，瞭解感情互動的根源，表情就是傳遞這種資訊的顯示器。

一九七三年美國心理學家拜亞，曾經做過這樣一項實驗。他讓一些人表現憤怒、恐怖、誘惑、無動於衷、幸福、悲傷等六種表情，再將錄製後的錄影帶放映給許多人看，請觀眾猜何種表情代表何種感情。其結果是，觀看錄影帶的這些人，對此六種表情，猜對者平均不到兩種。可見，表演者即使有意擺出憤怒的表情，也會讓觀眾以爲是悲傷的感情。

從這個事例上看，雖然表情對揭示性格有很大程度上的可取性，表情相對於語言更能傳遞一個人的內心動向，但要具備在瞬間勘破人心的本領，看似簡單，實屬不易。人類在長期生活實踐中，學會了掩飾內心眞實情感的手段，這種手法在現代商業談判中屢見不鮮，洽談業務的雙方，一方明明在很高興地傾聽對方的陳述，且不時點頭示意，似乎很想與對方交易，對方也因此對這筆生意充滿信心，沒想到對方最後卻表示：「我明白了，謝謝你，讓我考慮一下再說吧。」這無疑給陳述方當頭澆了一盆涼水。

所以，人們在通常情況下，沒有經過相當程度的對人們內心活動的研究，是不太容易探視出人心的眞面目的。

俗語說：「眼睛比嘴巴更會說話」，單憑眼睛的動態就大致可推測一個人的心理，但是，想要抓住一個人性格的主要特徵，那就必須以眼睛爲中心，仔細觀察全面的表情才行。以下，就具體說明憑表情判斷性格的訣竅。

在幾乎所有生物中，人的表情是最豐富，也是最複雜的。每個人都有一副獨特而不容混淆的臉相，即使雙胞胎也不例外，因此人們相見時，給人印象最深的就是臉。從這張臉上，大致能反應出年齡、性別、種族烙印，而且通過表情，也可以流露出其人的當時情緒變化狀況。

當人們與他人交往時，無論是否面對面，都會潛意識地表達各自的情緒，與此同時也注視著對方做出的各種表情，正是這種過程，使人們的社會交往變得複雜而又細膩深刻。

在高明的觀察者看來，每個人的臉上都掛著一張反映自己生理和精神狀況的「海報」。

狄德羅在他的《繪畫論》一書中說過：「一個人，他心靈的每一個活動都表現在他的臉上，刻畫得很清晰，很明顯。」

如下這些「臉語」是比較容易讀懂的：蹙眉皺額，表示關懷、專注、不滿、憤怒或受到挫折等情緒；雙眉上揚、雙目張大，可能是表現驚奇、驚訝的神情；皺鼻，一般表示不高興、遇到麻煩、不滿等。

愉快的表情在日常生活中很容易有被觀察的機會，它的特點是：嘴角拉向後方；面頰往上拉；眉毛平舒，眼睛變小。

不愉快的表情，它的特點是：嘴角下垂；面頰往下拉，變得細長；眉毛深鎖，皺成「倒八」字。

自然可以具體化一些，比如：

眉——有心理學家研究，眉毛可有近二十多種動態，分別表示不同感情。漢語中常用詞語有：「柳眉倒豎」（發怒），「橫眉冷對」（輕蔑、敵意），「擠眉弄眼」（戲謔），「低眉順眼」（順從）。宋代詞人周邦彥有一句詞：「一段傷春，都在眉間。」這是因爲一個人眉間的肌肉皺紋較爲明確地表現出他的焦慮和憂鬱，即眉頭緊鎖，而一旦眉間放開、舒展，則是心情變得輕鬆明朗的標誌。

鼻——鼻子的表情動作較少，而含義也較爲明確。厭惡時聳起鼻子，輕蔑時嗤之以鼻，憤怒時鼻孔張大，緊張時鼻腔收縮，屏息斂氣。

人的大腦分爲兩半球，發自內心的感情通常由右腦控制，卻具體反映在左臉上；而左腦則專司理智性感情，然後反映在右臉上。因此左臉的表情多爲眞的，右臉的表情有可能是假的。若想知道對方的眞實感情，必須強迫自己去觀察對方的左臉。

從表情的動作上，能夠一眼洞察別人的內心動機，春秋時期的淳于髡就是這樣一個「高手」。

梁惠王雄心勃勃，廣招天下高人名士。有人多次向梁惠王推薦淳于髡，因此，梁惠王連連召見他，每一次都屏退左右與他傾心密談。但前兩次淳于髡都沉默不語，弄得梁惠王很難堪。事後梁惠王責問推薦人：「你說淳于髡有管仲、晏嬰的才能，哪裡是這樣，要不就是我在他眼裡是一個不足與言的人。」

推薦人以此言問淳于髡，他笑笑回答道：「確實如此，我也很想與梁惠王傾心交談。但第一次，梁惠王臉上有驅馳之色，想著驅馳奔跑一類的娛樂之事，所以我就沒說話。第二次，我見他臉上有享樂之色，是想著聲色一類的娛樂之事，所以我也就沒有說話。」

那人將此話告訴梁惠王，梁惠王一回憶，果然如淳于髡所言；他非常嘆服淳于髡的識

人之能。

從面部表情上，讀透了內心所蘊藏的玄機，是識人高手厚積一世，而薄發一時的祕技，而最經典的莫過於三國時，諸葛亮和司馬懿合唱的「空城計」了。

當諸葛亮帶領一幫老弱殘兵坐守陰平這座空城時，兵強馬壯的司馬懿父子，率領二十萬大軍兵臨城下。在城牆之上，諸葛亮焚香朝天，面色平靜，他旁若無人地洞開城門，自己端坐在城牆之上，手揮五弦，目送歸鴻，飄飄然令人有出塵之想。

一場千古的雙簧戲，由此拉開了帷幕，諸葛亮和司馬懿，這對謀略上勢均力敵的高手，一個在城牆之上，一個在城牆之下，用心機對峙著。諸葛亮知道司馬懿一眼能看穿他虛張聲勢的空架子，但諸葛亮更知道，司馬家族和曹氏家族的衝突，倘若司馬懿拿下了諸葛亮，三國鼎立之勢不再，司馬家族目前羽翼未豐，最後難逃兔死狗烹的下場。

精通軍事的司馬懿當然知道幫劉邦打天下的韓信的下場。諸葛亮的存在，讓司馬懿有了和曹家周旋的機會，對付諸葛亮，曹家還必須倚重司馬懿，諸葛亮一倒，曹家立刻沒了後顧之憂，安內是必然之舉，那一刻，哪裡還有司馬家族的容身之地。

所以，在表情平靜的背後，兩人心中都在波瀾起伏，就是因爲諸葛亮一生謹愼，心知司馬懿不會下手，才敢下這招看似冒險之局，當司馬懿的兒子提醒說，諸葛亮在使詐，城中必無伏兵，心知肚明的司馬懿，立即打斷他的話，以諸葛亮一生唯謹慎的話，搪塞過去了。機智的司馬懿從諸葛亮平靜的表情上領悟到，這是諸葛亮用謀略和他合唱雙簧戲，這齣戲，非大智大慧的人，絕不可能唱得如此之好。

3 從潛意識小動作看人

每個人的舉手投足都反映了其心態和性格。所以，我們可以通過一個人的一舉一動透視其內心。

1. 時常搖頭晃腦

平常生活中我們經常看到或用「搖頭」或「點頭」，以示自己對某件事情看法的肯定或否定，但如果你看到一個人經常搖頭晃腦的，那麼你或許會猜測他不是得了「搖頭病」就是神經病了。

我們撇開這種看法而從另一個角度來看的話，這種人特別自信，以至於經常唯我獨尊。他們也會請你幫他辦事情，但很多時候你做得再好他都不怎麼滿意，因爲他有自己的一套，他只是想從你做事的過程中獲取某種啓發而已。

他們在社交場合很會表現自己，卻時常遭到別人的厭惡，對事業一路向前的精神，倒是被很多人欣賞。

2. 拍打頭部

拍打頭部這個動作，多數時候的意義是在向你表示懊悔和自我譴責，他一定是沒把你上次交待的事情放在心上，如果你正在問他「我的事情你辦了沒有」，見他有這個動作的話，你不用再問也不用他再回答了。

倘若你的朋友中有人有這樣的動作，而他拍打的部位又是腦後部，那麼他這種人不太注重感情，而且對人苛刻，他選擇你做爲他的朋友，是因爲你某個方面他可以利用。當然，他也有很多方面值得你去交往和認識，諸如對事業的執著和開拓等，尤其是他對新生事物的學習精神，你不由得從心底眞心佩服他。

時常拍打前額的人一般都是心直口快的人，他們爲人坦率、眞誠，富有同情心。在「耍心眼」方面你教都教不會他，因此如果你想從某人那兒瞭解什麼祕密的話，這種人是最佳人選。不過這並不是說明他是一個不值得信賴的朋友，相反，他很願意爲別人幫忙，替別人著想。這種人如果對你有什麼得罪的話，請記住，他們不是有意的。

3. 邊說邊笑

這種人與你交談你會覺得非常輕鬆和愉快，他們不管自己或別人的講話是否值得笑，有時候連話都還沒講完他就笑起來了。他們也並非是不在意與別人的交談，我們只能說這種人「笑神經」特別發達。

他們大都性格開朗，對生活要求不太苛刻，很注意「知足常樂」，而且特別富有人情味，無論走在什麼地方，他們總是有極好的人緣，這對他們開拓自己的事業本來是極好的條件，可惜這類人大多喜愛平靜的生活，缺乏一種積極向上的精神，否則這個世界很多東西都該屬於他們的。

4. 邊說話邊打手勢

這種人與人談話時，只要他們一動嘴，一定會有一個手部動作，攤雙手、擺動手、相互拍打掌心等，好像是對他們說話內容的強調。他們做事果斷、自信心強，習慣於把自己在任何場合都塑造成一個領導型人物，很有一種男子漢的氣派，性格大都屬於外向型。

這類人去演講一定會極盡煽動人心之能事，他們良好的口才時常讓你不信也得信。他們與異性在一起時表現尤其興奮，總是極欲向人表現出他「護花使者」的身份。

這類人對朋友相當眞誠，但他們不輕易把別人當做自己的知己。踏實肯幹的性格使他們的事業大都小有成就。

5. 表裡不如一

當你給某男士遞菸或其他食物時，他嘴裡說「不用」、「不要」，但手卻伸過來接了，顯得很客氣的樣子，這完全是假裝客氣。這種人處事圓滑、老練，不輕易得罪別人，哪怕他恨不得讓你早點兒死，但與你見面時依然會對你友好地微笑。

這類人一般比較聰明，愛好廣泛，時常把愛情視爲兒戲，但他們一旦愛上一個人，就很難擺脫掉感情的束縛。

6.交談時摸頭髮

如果與你面對面坐著或站著，這種人總要時不時地摸摸頭髮，好像在引起你對他們髮型的興趣。其實不然，因爲這種人就是一個人獨自在家看電視，他也會每隔三五分鐘「檢查」一下頭髮是否沾上了什麼不好的東西。

他們大都性格鮮明，個性突出，愛恨分明，尤其嫉惡如仇。倘若公共汽車上有小偷，而乘客都是這種人的話，那個小偷一定會被當場打個半死。他們一般很善於思考，做事細緻，但大多數缺乏一種對家庭的責任感。

他們對生活的喜悅來源於追求事業的過程。這句話聽起來有點玄妙，不過仔細想來你就會明白，喜歡拼搏和冒險的人，他們是不在乎事情的結局的。他們在某件事情失敗後總是說：「我問心無愧，因爲我去做了。」

7.擠眉弄眼

這種人不管是在兩人世界也好，在大庭廣眾之下也好，他們都肆無忌憚地擠眉弄眼，有

時候他們也並非是在調情或相互勾引。這種人確實太輕浮或缺乏內涵修養，在戀愛和婚姻上也總是喜新厭舊。雖然他不一定會跟「原配」離婚，甚至還可能對結髮妻子「相當好」，那只不過是他的自尊心在產生作用而已。

這類人特別會處理人際關係，盡管他們十有八九都略顯高傲，但因爲他們的處事大方，故爲其掩蓋了很多不是。在事業上他們善於捕捉機會，深得領導人的賞識。

8. 掰手指節

這種人習慣於把自己的手指掰得咯嗒咯嗒地響，不管有人無人，有事還是無事。如果心煩意亂時聽到這一種響聲一定極不舒服，眞想揍他一頓。

這類人通常精力旺盛，哪怕他得了重感冒，如果叫他去做一件他平常最喜愛的活動，他同樣會從床上爬起來。他們還很健談，喜歡鑽「牛角尖」，倚仗自己思維邏輯性較強，而經常把你的談話、文章說得一無是處。

這是一類典型的多愁善感型，而且是出名的「情種」，只要是異性，他們可能只相處一兩次就會愛上。

這類人對事業、工作環境很挑剔，如果是他喜歡做的，他會不計較任何代價而踏實努力地幫助你；相反，他不當眾出你的醜，也一定會暗地裡甩你的「冷板凳」。

9. 腿腳抖動

開會也好，與人交談也好，獨自坐在那兒工作，或是看電影，這類人總喜歡用腿或者腳尖使整個腿部顫動，有時候還用腳尖磕打腳尖或者以腳掌拍打地面，這種行爲當然不能登大雅之堂，但習慣者總是習以爲常。

這種人最明顯的表現是自私，他很少考慮別人，凡事從利己主義出發，尤其是對妻子的占有欲望特別強，經常會無緣無故地製造一些「醋海風波」，在這個問題上說他們有「神經質」一點兒也不過分。他們對別人很吝嗇，對自己卻很知足，巴爾扎克筆下的「守財奴」歐也妮．葛朗台有這個習慣。

不過這類人很善於思索，他們經常給周圍朋友提出一些意想不到的問題。

10. 死死地盯住別人

這種人的特點是在與別人談話時目不轉睛地看著別人。在聚會上，這種人也常常盯住一個人不放，而他並非是看上了某個人。

這種人的支配欲望特別強，而大多數的時候他們確實又都有某種優勢，因此只要有機會，他們就會向別人顯示自己。他們占不到天時、地利，就一定能占到「人和」。他們的行爲時常看起來像花花公子，但有一點值得肯定，他們選定了人生的目標，就一定會去努力。

這種人不喜歡受約束，經常我行我素。另一方面，他們比較慷慨，因此他們周圍總是有一些相干和不相干的人在一起。

11. 走角落

十有八九，這種人屬於自卑型。他們參加各種會議或聚會，總是找最偏僻的角落坐下，不過要排除那種昨天通宵達旦打牌，今天想找一個不易被人發現的角落打瞌睡的人。

喜歡走角落的人性格大都有怪異的一面，如果說他無能，他絕對會做一件事給你看看；如果說他行，他卻非常謙虛；大家都說某件事情不能做，他偏要去試試。這類人最不習慣的是讓他拜訪年輕女性的家，否則，他要站在門前很久給自己鼓足勇氣，才敢敲門。

調動這種人工作積極性的唯一辦法就是表揚他們，讓他們感覺到自己還是有很多長處和優點的。

12. 抹嘴、捏鼻子

這種動作略嫌不雅觀，不過還沒到有傷大雅的地步。

習慣於抹嘴或捏鼻子的人，大都喜歡捉弄別人，卻又不敢「敢作敢當」。他們的唯一愛好是「嘩眾取寵」，眼見你氣得咬牙切齒，他們卻在那兒高興得手舞足蹈。

這種人最終是被人支配的人。別人要他做什麼，他就可能做什麼。如果他們進百貨店或者商場，售貨員最喜歡的就是這種人。也許他根本什麼都不準備買，但只要有人說「先生，這件可以」，而他就會買下。

4 從接電話的方式看人

接電話是人生活中必需的動作行爲，從接電話的方式中，我們可以分析出一個人的個性特徵。

(1)電話鈴聲剛響一兩聲，無論自己身在何方，都會快步跑來，拿起聽筒，如果對方暫時沒有回應，會對著話筒高聲呵斥幾聲，然後啪地一聲摔上電話，再接著忙自己的事情。如果電話要找的人正好不在現場，沒有耐心詢問對方的單位名稱、姓名。這種人一般脾氣火爆急躁，容易與人計較從而發生口角。

(2)電話響起，如果手頭工作較忙，他會讓電話在長久的等待中響著鈴聲，然後不急不徐地踱步過去。如果此時的電話是多日不見的熟人，他便會暫時放下手頭的工作，與人天南地北地聊起來，並不在意身邊是否有同事要用電話。這種人有很強的自我意識，容易在領導者面前做假態，在弱者面前逞強。

(3)接電話總是嗯嗯啊啊，沒有更多的話，對於再熟悉的人，也不會噓寒問暖，甚至連一句禮貌的問候都沒有。這種人對待任何事情往往不會有太多的熱情，自視清高。經常擺出一副「事不關己、高高掛起」的明哲保身的態度。

(4)接電話時舒舒服服地坐著或躺著，一副泰然自若狀。他們生活沉穩鎮定，悠閒自得，泰山壓頂面不改色。

(5)習慣於用拿著筆的手去接電話。這類人個性比較急躁，經常處於緊張狀態，而且不讓自己有片刻的空閒。

(6)通電話時從不喜歡坐立在同一位置，喜歡在室內走動，邊走邊談。這類人好奇心極重，喜歡新鮮事物，討厭任何刻板性的工作。

(7)接電話時把聽筒夾在手和肩之間。此類人性格膽小，生性謹慎，對任何事情必須先考慮周詳才做出決定，他們處處小心從事，極少犯錯誤。

(8)通電話的同時，常常要做一些瑣碎的工作，比如整理文具等。此類人富有進取心，珍惜時間，分秒必爭。

(9)接電話時不停地玩弄電話線。此類人生性豁達，玩世不恭，不把一切放在眼裡，活得很灑脫，不在乎周圍人對自己如何看。

(10)一邊接電話，一邊在紙上信手塗鴉。這類人大多具有藝術才能和氣質，富於幻想。他們獨具的樂觀個性使他們經常能度過困境。

(11)通話時緊握聽筒的下端。這類人外圓內方，表面看似怯懦溫順，其實個性堅毅，無論對事對人，一旦下定決心，永不改變。

5 從睡覺的姿勢瞭解對方潛意識

一個人以什麼樣的姿勢睡覺，是一種直接由潛意識表現出來的身體語言。觀察和瞭解一個人的性格有很多種方法，但若說到一種最好的方法卻並不多，睡姿是其中的一種。一個人無論是假裝睡覺還是眞正的熟睡，睡姿都會顯示出一個人在清醒時、表露在外，和隱藏在內的某種思想感情。相對自己而言，我們在很多時候並不知道自己在睡覺時，採取什麼樣的姿勢，不妨問一問身邊親近的人，然後根據實際的性格對比一下。除此以外，還可以對別人有個大致的觀察和瞭解。

在睡覺時採用嬰兒般的睡姿，這一類型的人多是缺乏安全感，比較軟弱和不堪一擊的。他們的獨立意識比較差，對某一熟悉的人物或環境總是有著極強的依賴心理，而對不熟悉的人物和環境則多恐懼心理。他們缺乏邏輯思辨能力，做事沒有先後順序，常常是這件事情已經發生了，連準備工作還沒有做好。他們責任心不強，在困難面前容易選擇逃避。

採取俯臥式睡姿的人，多有很強的自信心，並且能力也很突出。在絕大多數情況下，他們都能很好地把握住自己。他們對自己有非常清楚的認識，知道自己是誰，也知道自己在做

些什麼。對於所追求的目標，他們的態度是堅持不懈，有信心也有能力實現它。他們隨機應變的能力比較強，懂得如何調整自己。另外，他們還可以很好地掩飾自己的眞實感情，而不讓他人看出一點破綻。

喜歡睡在床邊的人，他們會時常缺乏安全感，理性比較強，能夠控制自己，盡量使這種情緒不流露出來，因爲他們知道事實可能並不是這個樣子，那只是自己一廂情願的想法。他們具有一定的容忍力，如果沒有達到某一極限，輕易不會反擊、動怒。

在睡覺時整個人成對角線躺在床上，這一類型的人多是相當武斷的，他們做事雖然精明幹練，但絕不向他人妥協，態度是「我說怎樣就怎樣」，他人不得提出反對的意見。他們樂於領導別人，使所有的事情在自己的直接監督下完成。他們有很強的權力欲望，一旦抓住就不會輕易放手，而且越抓越緊，絕不願與他人分享。

喜歡仰睡的人，多半是十分開朗和大方的，他們爲人比較熱情和親切，而且富有同情心，能夠很好地洞察他人的心理，懂得他人的需要。他們是樂於施捨的人，在思想上他們是相當成熟的，對人對事往往都能分清輕重緩急，知道自己該怎樣做，才能達到最好的效果。他們的責任心一般都很強，遇事不會推脫責任選擇逃避，而是勇敢地面對，甚至是主動承擔。他們優秀的品質贏得了他人的尊敬，又由於對各種事物能夠做出準確的判斷，所以很容

易得到他人的依賴，也會爲自己營造出良好的人際關係。

雙腳放在床外的睡覺姿態是相當使人疲勞的，但還有人選擇這樣一種睡姿。這一類型的人大多是工作相當繁忙，沒有多少休息時間的人。他們的生活態度是相當積極和樂觀的，在絕大多數時候顯得精力充沛，而且相當活潑，爲人也較熱情和親切。他們多具有一定的實力和能力，可以參與加入到許多事情當中，生活節奏相當快。

臉朝下，頭擺在雙臂之間，膝蓋縮起來，藏在胸部下方，背部朝外，採取這樣一種睡姿的人，通常具有很強的防衛心理，並且這種心理時刻存在著，準備隨時出擊。他們的自主意識多比較強烈，不會聽從他人的吩咐和擺佈，去做一些自己並不願意做的事情，更不會向權勢低頭，如果有人強行要求他們，他們就會採取必要的措施。

雙手擺在兩旁，兩腳伸直坐著睡，這種睡姿在生活當中並不多見，但仍然存在。這一類型的人大多時刻是處在一種高度緊張當中，他們的生活節奏相當快，而且極規律化。每天在什麼時間做什麼事情似乎已固定下來，而他們在這個過程中，身體和思想在自然而然中也形成了一定的規律，儼然條件反射一般。

在睡覺時握著拳頭，彷彿隨時準備應戰，這一類型的人如果把拳頭放在枕頭或是身體下面，表示他正試圖控制這種積極的情緒。如果是仰躺著或是側著睡覺，拳頭向外，則有向人

示威的意思。

雙臂雙腿交叉睡覺的人，自我防衛意識多比較強烈，不允許別人侵犯自己。他們的性格是脆弱的，很難承受某種傷害。他們對人比較冷漠、內斂，常壓抑自己，而拒絕眞情實感的流露。

6 從腰部的細微變化識別女人心

對於腰部這一無聲的語言，女人相對男性來說，要微妙得多。女人的腰，是除了女人的臀部和胸部以外的性感符號，它常常是以無聲的線條來表示意義的。線條和色彩是人類在有聲語言之外最具表現能力的性格語言。女人的腰，就是一個線條符號。

1. **彎腰**

眾所周知，見人即彎腰行禮是日本女人的見面語言，彎腰所形成的曲線是柔美的，溫順的，流暢的，從而形成一種光滑的外表，這種女人給人一種柔美的感覺。

2. **叉腰**

把兩手叉在自己的腰上，這種形象就像兩隻母雞打架的形象。這是女性一種雙向的對外擴張，表示出內心的憤怒和力量。這種語言，一般的女人不採用。但魯迅筆下「豆腐西施」楊二嫂，卻經常使用，讓人看了嚇一大跳。

3. **仰腰**

仰腰是一座不設防的城市。這叫做女人的「無防備的信號」。如果女人坐在沙發裡，用

仰腰的形式對著異性，一般的情況有兩種：一是對於眼前的這個男人絕對的信任、絕對的尊重，她覺得他不會給她帶來傷害；二是妓女的一種招數，她告訴眼前的男人：「請跟我來。」

4. 扭腰

扭腰使腰呈現S型，這是性的象徵。凡是女人扭腰或者扭動臀部，都蘊含了招惹異性的信號。這種語言，在服務小姐的身上、在女模特兒的身上，你會經常看到。一些淺薄的男人看見模特兒走路，他們的嘴半天也合不起來，只發呆，這自然會遭到正派人士的鄙夷。

5. 撫腰

俗話說，沒人愛，自己愛。女人常常在沒有男人撫摸時就自我撫摸，這種自我撫摸是一種「自我安慰」的行爲，同時也是一種「自我親切」的暗示。

7 從握手中感覺對方的態度

握手，是現代社會中人與人交往時一種較爲普遍的禮節。只是一握，但這其中卻也有很大的學問。有專家研究表明，握手也能傳情達意。

握手時的力量很大，甚至讓對方有疼痛的感覺，這種人多是逞強而又自負的。但這種握手的方式在一定程度上又說明了，握手者的內心比較眞誠和煽情。同時，他們的性格也是坦率而又堅強的。

握手時顯得不甚積極主動，手臂呈彎曲狀態，並往自身貼近，這種人多是小心謹慎，封閉保守的。

握手時只是輕輕的一接觸，握得不緊也沒有力量，這種人多內向，他們時常悲觀，情緒低落。

握手時顯得遲疑，多是在對方伸出手以後，自己猶豫一會兒，才慢慢地把手遞過去。排除掉一些特殊的情況以外，在握手時有這種表現的人，多內向，且缺少判斷力，不夠果斷。

不把握手當成表示友好的一種方式，而把它看成是例行的公事，這表明此種人做事草

率，缺乏足夠的誠意，並不值得深交。

一個人握著另外一個人的手，握了很長的時間還沒有收回，這是一種測驗支配力的方法。如果其中一個人先把手抽出、收回，說明他沒有另外一個人有耐力。相反，另外一個人若先抽出、收回手，則說明他的耐心不夠。總之，誰能堅持到最後，誰勝算的把握就大一些。

雖然在與人接觸時，把對方的手握得很緊，但只握一下就馬上拿開。這樣的人在與人交往中多能夠很好地處理各種關係，與每個人都好像很友善，可以做到遊刃有餘。但這可能只是一種外表的假象，其實在內心裡他們是非常多疑的，他們不會輕易地相信任何一個人，即使別人是非常眞誠和友好的，他們也會加倍地提防、小心。

在握手時，非常緊張，掌心有些潮濕的人，在外表上，他們的表現冷淡、漠然，非常平靜，一副泰然自若的樣子，但是他們的內心卻是非常的不平靜。只是他們懂得用各種方法，比如說語言、姿勢等來掩飾自己內心的不安，避免暴露一些缺點和弱點。他們看起來是一副非常堅強的樣子，所以在他人眼裡，他們就是一個強人。在比較危難的時候，人們可能會把他們當成是救星，但實際上，他們也非常慌亂，甚至比他人還要嚴重。

握手時顯得沒有一點力氣，好像只是爲了應付一件不得不做的事情，而被迫去做的。他們在大多數時候並不是十分堅強，甚至是很軟弱的。他們做事缺乏果斷、俐落的幹勁和魄力，而顯得猶豫不決。他們希望自己能夠引起他人的注意，但實際上，其他人往往在很短的時間內就會將他們忘記。

用雙手和別人握手的人，大多是相當熱情的，有時甚至熱情過了火，讓人覺得無法接受。他們大多不習慣於受到某種約束和限制，而喜歡自由自在，按照自己的意願生活。他們有反傳統的叛逆性格，不太注重禮儀、社交等各方面的規矩。他們在很多時候是不太拘於小節的，只要能說得過去就可以了。

把別人的手推回去的人，他們大多都有較強的自我防禦心理。他們常常感到缺少安全感，所以時刻都在做著準備，在別人還沒有出擊但有這方面傾向之前，自己先給予有力的回擊，掌握主動。他們不會輕易地讓誰眞正地瞭解自己，如果是這樣，使他們的不安全感更加強烈。他們之所以這樣，在一定程度上是由於自卑心理在作怪。他們不會去接近別人，也不會允許別人輕易接近自己。

習慣於抽水機般握手方式的人，他們大多有相當充沛的精力，能同時應付幾件不同的事情。他們做事非常有魄力，說到做到，乾脆而又俐落。除此以外，這一類型的人爲人也較親切、隨和。

像虎頭鉗一樣緊握著對方的手的人，在絕大多數時候都顯得冷淡、漠然，有時甚至是殘酷。他們希望自己能夠征服別人、領導別人，但他們會巧妙地隱藏自己的這種想法，而是運用一些策略和技巧，在自然而然中達到自己的目的。從這一方面來說，他們是工於心計的。

8 從付款方式看對方為人

在工作中，有很多事情是需要進行付款才能得到解決的，那麼採用什麼樣的付款方式，這和處理生活中其他的瑣事有相似之處，從中也可以觀察出一個人的性格。

喜歡親自付款的人，他們大多比較傳統和保守，對新鮮事物的接受能力比較差，而偏重於循規蹈矩，守著一些過時的東西，缺乏冒險精神。他們缺乏安全感，有自卑心理，但又極希望獲得他人的肯定和認同。凡事他們只有親自參與，才會覺得有所保障。

能拖多久就拖多久，這一類型的人多有占便宜的心理，比較自私，缺乏公平的觀念，總是想著自己少付出或是不付出，就得到最多的回報。他們在一般情況下不會輕易地去關心和幫助別人，對人雖不算太冷淡，但也算不上熱情。

把付款的任務推給別人，這一類型的人常無法堅持自己的原則和立場。而習慣於服從和聽命於他人，被他人領導。他們的責任心並不強，常會找理由和藉口為自己進行開脫，在挫折和困難面前，會膽怯、退縮。

收到帳單以後就立即付款的人，多是很有魄力的，凡事說到做到，拿得起放得下，當機

立斷，從來不拖泥帶水。他們的個性獨立，爲人眞誠坦率，無論哪一方面，從來不希望自己欠他人的，倒是可以他人欠自己的。

採用電話付費服務的人，對新鮮事物容易接受，並懂得利用它們爲自己服務，但由於對某些東西的依賴性太強，常常會使他們喪失一些自我的主動權，而受控於人。除此以外，他們對人是有很強的信任感的。

9 從簽名識別對方性格

一個人的簽名就代表自己的形象，這是顯而易見的事。從筆跡可以看出一個人是否有門戶之見，是否冷漠無情，是否驕傲，是否對某物有偏見，是否目中無人，是否凡事順從，是否心情不定，是否一板一眼，是否膽小，是否頑強固執或者是否備受壓抑，是否反叛心強。

1. 字小，且擠在一起

字都擠在一起，表示他想把最小的空間做最大的運用，也顯示出他是個十分懂得精打細算的人。他知道如何使用一塊錢。他喜歡在廉價商店買衣服。但是，很多時候他其實沒省多少錢。

2. 大寫字、花體字、裝飾字

爲了克服心中的無力感，他把名字簽得比自己眞正的形象還大還誇張。雖然他的簽名似乎很有藝術感，但他不過是佯裝一副藝術的模樣，並不是眞正發展自己具備的天賦。例如，他可能花錢租一輛高級轎車、一件昂貴的珠寶或一幢鄉村別墅；然而，這麼做也不過是企圖讓其他人協助他膨脹自我罷了！

3. 簽名向左斜，其他字向右斜

如果他連其他字也向左斜，那我們可以說，他就是那種喜歡違反本性的人。不過，如果他簽名向左斜，但其他字向右斜，那表示，他只想留給他人冷淡而緘默的印象。在這些佯裝的外表下，眞正的他其實相當友好、善於交際，也許個性外向，並不會因爲他人在場而覺得不自在。

4. 簽名向右斜，其他字向左斜

他和簽名向左斜、其他字向右斜的人不一樣，他是一位社交高手，經常一開始就成爲宴會上的靈魂人物，因爲他熱情、詼諧又迷人。然而，在這樣開放而自然的外表下，眞正的他卻不認爲自己是團體的一分子，而且很可能只爲了唱反調，而反抗任何外來的壓力。

5. 下降式簽名

逐字下降表示你容易勞累，甚至覺得自己連維持一天的起碼能量都沒有。總而言之，他的生活中有挫折、沮喪和疲憊，他似乎很快便倒下去了。他的簽名彷彿在說：「爲什麼這麼麻煩？爲什麼還要繼續下去？」或者：「爲什麼我不乾脆消失算了？」

6. 上升式簽名

只要他繼續走下去，就會愈走愈好。上升式簽名代表了他的野心和必勝的決心。他計畫登上愛和成功的階梯，而且絕不放棄。他的簽名並沒延長、逐步消失的意味，它繼續往前走、向上爬。這種正面的自我形象，使他的一生不斷有股好運道在身後支持他。

7. 簽名字體比一般字體大

如果他的簽名字體比一般字體大，那他有自我膨脹的傾向。他希望別人只記得他的外表，而事實上，別人也經常只記得他的外貌。多年來，盡管他的成就實在不如他所設計的形象，但他的確已經學會如何讓別人清楚地記得他的外貌。

8. 簽名字體比一般字體小

他的個性和上一種人完全相反，他覺得自己渺小而沒有影響力。雖然他的構想可能很有價值，可是他就是覺得一點價值也沒有。他常常刻意避免自己應得的榮耀，自貶身價。而找個人激勵他，就是把心中的焦慮排解出來的最好方法。

9. 難以辨認的簽名

對世人而言，他是個謎，可能對他自己來說，他也是個謎。別人無法瞭解他，因爲人們所得到的線索都與他的眞正個性恰恰相反，但他並不在意這些。他早就學著成爲一個矛盾的個體，久而久之，也就習以爲常了。不過，當個謎樣的人物也有好處，他會得到不少關注。

10. 波浪形底線

波浪形底線象徵海洋，而他是一個軟木塞，能夠乘風破浪。他之所以有辦法生存下去，是因爲他深諳如何順隨潮流之道。無論是一個平和的雞尾酒會，或暴風雨似的團體政治，他都有一套高超的技巧，讓自己保持在水面上，而不至於沒頂。

11. 劃圓圈式簽名

他很孤單，不過這是他強加給自己的，是一種故意的行爲。外在的世界很快便被他封閉起來，而他相信必須築起一道圍籬，來保護他本人和自己的生活方式。他是一個孤僻的人，很討厭別人干擾。也許他家周邊的鐵絲網都是通了電的。

12. 有條線貫穿簽名中間

小心！這是一種自我毀滅的危險信號。他想把自己刪掉，確切宣告自己不存在。簡單地說，這代表強烈的自殺傾向。劃一條線貫穿自己的名字，意味著他覺得自己已經沒有權利活下去了，覺得自己不配活在世上，覺得自己是個錯誤。

13. 簽名後跟著破折號或句點

這種不尋常的記號表示他爲人相當愼重，他會在事情失控之前就先行脫身。天生多疑的個性，使他的決定都擁有某種特定的模式，而且他可能只需要薄弱的間接證據，就可以定他人的罪。一旦有人令他失望，他們兩人的關係就到此爲止。他有種非凡的能力，能夠找出那些曾經背叛過他的人，然後將其忘得一乾二淨。

14. 一如學生時代的簽名方式

他現在簽名的方式仍和小學四年級的時候一樣，字體缺乏明確的形式和流暢，大小排列不一。這一切顯示感情上他還停留在青少年時期，也許智力上也同樣停留在那個時代。他無法適應成人的世界，而且很可能等他四十五歲的時候，仍與父母住在一起。

15. 圖案式簽名

整體看來，他的簽名高雅而有節奏感，事實上也的確如此。他的人就像他的簽名一樣，獨特而有藝術氣息。大寫字、轉折、一筆一畫，以及平穩的力道，表示他對個人的品味有信心。他有創造自己流行風格和生活方式的天賦。

10 從筆跡洞悉對方心理特徵

筆跡做爲人們傳達思想感情，進行思維溝通的一種手段，也是人體資訊的一種記憶體，是大腦中潛意識的自然流露。不同心境的字，筆跡也不一致。但在長時期內，字體的主要特徵，如運筆方式、習慣動作、字體開合是不變的。只是近期的字更能反映出最近的思想、感情、情緒變化、心理特點等。

筆跡分析的方法很多，由筆跡瞭解人的內心世界，可以從三個方面來觀察，即筆壓、字體大小、字形這三個要點來研究分析這個問題。

(1)筆跡特徵爲字體較大，筆壓無力，字形彎曲；不受格線限制，具有個性風格，容易變成草書；有向右上揚的傾向，有時也會向右下降，字體稍潦草。

這類人平易近人，好相處，善於社交活動，爲體貼、親切類型的人。氣質方面具有強烈的躁鬱質傾向。另外，他們待人熱情，興趣廣泛，思維開闊，做事有大刀闊斧之風，但多有不拘小節，缺乏耐心，不夠精益求精等不足之處。

(2)筆跡特徵爲字形方正，一筆一畫型，筆壓有力，筆劃分明，字字獨立，字的大小與間隔不整齊，具有自己風格，但筆跡並不潦草。字的大小雖有不同，但一般言之，顯得較小。

這類人不善交際，屬理智型。處事認眞，但稍欠熱情。對於有關自己的事很敏感、害羞，對他人卻不甚關心，感覺較遲鈍。氣質方面具有分裂質傾向。

一般情況下，他們都有較強的邏輯思維能力，性格篤實，思慮周全，辦事認眞謹慎，責任心強，但容易循規蹈矩。結構鬆散，書寫者形象思維能力較強，思維有廣度。爲人熱情大方，心直口快，心胸寬闊，不斤斤計較，並能寬容他人的過失，但往往不拘小節。

(3)筆跡特徵爲字形方正，一筆一畫型，但與上述類型不同，爲有規則的平凡型，無自己風格，字跡獨立工整，字形一貫筆壓很有力。

這類人凡事拘泥愼重。做事有板有眼，中規中矩，但稍嫌緩慢。意志堅強，熱衷事務。說話絮絮叨叨，不懂幽默。有時會激動而採取強烈行動。氣質方面具有神經質傾向。

他們精力比較充沛，爲人有主見，個性剛強，做事果斷，有毅力，有開拓能力，但主觀性強，固執。筆壓輕，書寫者缺乏自信、意志薄弱，有依賴性，遇到困難容易退縮。筆壓輕重不一，書寫者想像思維能力較強，但情緒不穩定，做事猶豫不決。

(4)筆跡特徵爲字形方正，稍小，有獨特風格。尤以萎縮或扁平字形爲多。字跡大多各自獨立，無草書，筆壓強勁：字的角度不固定，但字體並不潦草。

這類人氣量較小，對事務缺乏自信，不果斷，極度介意別人的言語與態度。簡言之，屬於神經質性格的人。

他們還有把握事務全局的能力，能統籌安排，並爲人和善、謙虛，能注意傾聽他人意見，體察他人長處。右邊空白大，書寫者憑直覺辦事，不喜歡推理，性格比較固執，做事易走極端。

(5)筆跡特徵爲每次書寫，字體大小與空間大小無關；字型稍圓彎曲，有時呈直線形；有時字形具有自己風格，有時則工整而有規則；大小、形狀、角度、筆壓均不固定，潦草爲其顯著特徵。

這類人虛榮心強，重視外表，經常希望以自己的話題爲中心，因此話太多。不能諒解對方立場，缺乏同情心與合作精神。由於以自我爲中心，因此容易受煽動，亦容易受影響。

另外，這類人看問題非常實際，有消極心理，遇到問題看陰暗面、消極面太多，容易悲觀失望，字行忽高忽低，情緒不穩定，常常隨著生活中的悲喜而興奮或悲傷，心理調控能力較弱。

11 從煩躁不安的表現看對方城府

每個人都會有心情不佳的時候，從而顯得煩躁不安，這種感情除了通過臉部表情及口頭語言表現出來以外，身體的某個部位還會有一些無意識的動作。通過這些動作，有時也能看透一個人的心理。

喜歡用嘴咬眼鏡架、鉛筆或是其他一些物品的人，喜歡我行我素，而不受他人限制。他們之所以做出這種動作，是想掩飾自己惡劣的情緒，意圖是不想讓他人知道。但這種掩飾如果沒有什麼作用，情緒進一步惡化，他們可能就會在突然間發很大的脾氣，而且沒有人能夠制止得了。

喜歡用指尖攏頭髮、輕搔臉部，或是把食指放在嘴唇上的人，比較開朗和樂觀，在挫折和困難面前雖然有時也會感到很喪氣，但是能夠很快地調整好自己的心態，實事求是地面對一切，積極地去尋找解決問題的辦法。

用手撫摸或抓下巴，這種人多比較圓滑、世故和老練，處理問題能夠比其他人更客觀、更理智。

撫摸下巴是一種自我鎮定的方法，意圖是避免或克制自己感情衝動，意氣用事，同時也是在思考下一步的對策。

煩躁不安時，兩手互相摩擦的人，多自信心很強，善於自我挑戰，敢於承擔一定的風險。而且一件事情既然決定要做，就不會輕易地改變主意和行動方向，但有時也會顯得很固執。

煩躁不安時，咬牙切齒的人，情緒變化無常，極不穩定。而且心胸不是太寬闊，好意氣用事，理智常常無法控制感情。

煩躁不安時，喜歡心不在焉地亂寫亂畫的人，多有很強的創造力，而且爲人處世較慷慨，不會那麼太斤斤計較，與人交往起來會非常容易。

12 從行走的狀態看對方心情

每個人的走路姿勢都有所不同，對熟悉的人，我們在很遠的地方或擁擠雜亂的場合中，一眼就可以認出他來。有一些特徵是由於軀體本身的原因造成的，如步率、跨步的大小和姿勢會隨著情緒的變化而改變。如果一個人很高興，他會腳步輕快，反之，他就會雙肩下垂，走起路來好像鞋裡灌了鉛一樣。莎士比亞在《特爾勒斯和克爾斯達》一書中有段對一隻大公雞走路姿勢的描述，文字極爲生動：「這個高視闊步的運動家，以自己的腳筋而自豪。」一般說來，走路快而雙臂擺動自然的人，往往有堅定的目標，並且能鍥而不捨地追求；習慣於將雙手插在口袋中，即使天氣暖和也不例外的人，愛挑剔，喜歡批評別人，而且頗具神祕感，常常顯得玩世不恭。

一個人在沮喪時，往往兩手插在口袋中，拖著腳步，很少抬頭注意自己是往何處走。在這種心情下，如果他走到井邊，朝裡面望望，也沒什麼可以大驚小怪的。

走路時雙手叉腰，上身微向前傾的人，如同事業上的短跑運動員。他想以最短的途徑、最快的速度來達到自己的目標。當他似乎無所作爲時，往往是在計畫下一步的重要行動，並

且積蓄了能突然爆發的精力，那叉起的前臂，就像代表勝利的V字型一樣，成爲他的特徵。

一個人心事重重時，走起路來常會擺出沉思的姿態。譬如頭部低垂、雙手緊緊交握在背後。他的步伐很慢，而且可能停下來踢一塊石頭，或在地上揀起一張紙片看看，然後丟掉。那樣子好像在對自己說：「不妨從各個角度來看看這件事。」

一個自滿甚至傲慢的人，可能採取墨索里尼式的走路姿勢。他的下巴抬起，手臂誇張地擺動，腿是僵直的，步伐愼重而遲緩。這樣走路是爲了加深別人的印象。

速率和跨度一致的步伐，往往爲首腦人物所採用。這樣走路，容易讓隨從和部屬跟在後面時保持步調一致，形成小鴨跟著母鴨的隊形，以顯示追隨者的忠實和服從。

13 喜歡以手托腮者愛幻想

以手托腮的動作，是一種替代的行爲。用自己的手，代替母親或是情人的手，來擁抱自己、安慰自己。

在精神抖擻毫無煩惱的人身上，是不常看見這樣的舉動，只有在心中不滿、心事重重時，才會托著腮沉浸於自己的思緒中，藉此填補心中的空虛與不安。

若你眼前的人，正用手托腮聽你說話時，那就表示他覺得話題很無趣，你的談話內容無法吸引他。或者他正在思考自己的事，希望你聽他說話。而如果你的情人出現這樣的舉動，也許他正厭倦於沉悶的聊天，希望你給他一個熱情的擁抱呢！

若平日就習慣以手托腮的話，表示此人經常心不在焉，對現實生活感到不滿、空虛，期待新鮮的事物，夢想著在某處找到幸福。

想抓住幸福的話，不能只是用手托著腮幻想而什麼都不做。「守株待兔」，便是這類型的人最佳的寫照。

有這種個性的人在談戀愛時，會強烈渴望被愛，總是祈求得到更多的愛，很難得到滿

足，處於欲求不滿的狀態。

從另一個角度來看，這種人因爲覺得日常生活了無新意，而慣於沉浸在自己編織的世界中，偏離了現實，腦中淨是羅曼蒂克的情懷，與之交談，往往會有一些意想不到的有趣話題出現。

這種人就像一個愛撒嬌的孩子一樣，隨時需要呵護，但太過於溺愛也不是好事。拿捏好尺度，適度地滿足他的需求才是上策。而經常做出托腮動作的人，除了要自我檢討這種行爲是否是因內心空虛產生的反射動作外，也應盡量充實自己，減輕內心的不安，試著通過心態的調整，改善表現在外的肢體動作。

14 從吵架看一個人的本質

有些人一吵起架來就精神百倍。因爲吵架刺激這種人分泌腎上腺素，使他們覺得興奮，而這種興奮是事情順利時無法感受到的。有些人則害怕，自己生氣，他們竭盡一切努力去避免爭執，即使不可避免也要盡快結束它。其實，許多人吵到最高點的時候，滿腦子只想贏，經常忘了到底爲什麼爭吵。

1. **言辭攻擊**

他非常容易動怒。雖然一開始，他只是針對某一件事而吵，可是很快便擴大到言辭上的攻擊，他會數落對手的每一件錯事，甚至攻擊對方的家庭。他實在是個差勁的戰士，他想成功的幹勁和必勝的決心，若用在其他方面很有幫助，但用在親密關係上，造成的負面效果可太大了。這是因爲他在爭執時所說的那些話，到最後都變成無理取鬧的人身攻擊。

2. **身體攻擊**

用身體代替說話。只要他察覺吵架快輸了，或覺得無法再用言語與別人溝通時，他就選擇直接的正面攻擊。他天生容易衝動，只要事情不如他願，他就覺得有挫折感。他會踢自己的車，咒罵路上其他的駕駛。他會因自己的失望和自己造成的錯誤，而責怪他人，甚至責怪吵架的對手不該逼他攻擊他們。

3. 無所謂

他對煩心的事能夠視若無睹。他把自己想像成高枕無憂、輕鬆自在，但事實上，他是有能力處理願意面對和能夠控制的事。他相信，時間可以解決一切，船到橋頭自然直。他的想法是對的，因爲到最後，和他吵架的人會覺得，一個人窮嚷嚷實在是自討沒趣，對方不是鳴金收兵，就是出手打他。

4. 無辜

他總是透過看似無辜的言辭攻擊對方，例如：「你實在是反應過度，我想你應該和你的家人討論討論這種現象。」他並不想和對方討論任何事情，只保持沉默做自己想做的事，而且無論對方說什麼，都無法讓他改變心意。他希望以一副洋洋得意和高人一等的姿態，來贏得對方。

5. 讓人同情

他喜歡有人介入代替他和對方爭吵，而且比較喜歡在眾人面前吵架，好讓眾人站在他這邊。他善於在吵架的時候引起別人的同情和關心，即使他錯了，也有辦法如法炮製。無論如何，他總是受傷的那一方。

6.不動感情

他最喜歡的反應是：「別激動！」無論在任何情況下，他都不讓自己流於情緒化的表達方式。他是一個理性、講道理、聰明的人，認爲行動、爆發式的反應，不過徒然製造雙方的分裂。和他吵架沒什麼意思，因爲他永遠是贏家。他的個性強烈，能夠透過理性的爭執去說服他人。

7.發洩

這是一種情緒的恣意宣洩。兩人對吼，吼到聲嘶力竭，然後雙方再以理性的討論將感覺表達出來。這種吵架方式需要雙方都有相當程度的理解力，同時都有能力收放自如，也就是先放任自己大吼，然後在兩人吵得不可開交之前適時調整自己。

8.憤怒摔東西

即使他厭惡暴怒和暴力，但暴怒和暴力卻令他興奮。只要摔破幾個盤子或用手在牆上搥幾下，他就覺得好過些。他因威脅恐嚇而獲勝，對手則因害怕而屈服，然後他就得逞了。他努力像英雄一樣，想在爭執中獲得自尊和自信，可是，想贏的欲望卻使他表現得像個嬰兒。

9.最後通牒

只要他輸了，被逼急了，便使出最後的武器：「我沒辦法再忍受了，我要離開！」其實，他無法忍受的是事情不如他意，而這個最後通牒，使他覺得自己威力大增。不過，如果有一天，對手對他說：「好！現在就走，我才不在乎！」這時他必須面對事實所帶來的恐懼，因爲他根本沒有勇氣離開。

10. 翻舊帳

他是那種腦容量和大象一般大的人，有能力把陳年舊帳全部搬出來細數一番。他認爲，兩人關係中的每一件事都必須提一提。他有驚人的記憶力和分析力，而且認爲吵架是一種理智的挑戰。他通常占上風，因爲大多數人都只擁有普通的記憶力。

11. 散佈謠言

爭執中途，他會突然插進一句：「每個人都這麼認爲。」他散佈謠言或製造謠言，目的在使自己獲勝。吵架的時候，他沒有信心一個人吵贏對方，而以團體的意見站在他這一邊做爲吵架的籌碼。除非有人和他站在同一個陣線，否則他幾乎沒有勇氣表達自己的信念。

12. 我的律師會和你聯繫

他覺得自己沒有能力單打獨鬥，必須靠他人的協助，而那些人也的確能夠幫助他。信心和成功都站在他這一邊，他還尊重他人的專長。他尋求專業協助，因爲他不喜歡輸，而法律

行動是他可以想到的最有效的辦法。

13. 留紙條或寫信

他覺得把想說的話寫下來，要比開口說自在點，因爲他覺得這麼做較能控制自己的情緒，也更有把握讓別人會聽進去自己要說的話。當面對質他會不自在，因爲他需要別人喜歡自己。他很清楚自己想說什麼，而且可以很完整地把那些話寫下來。

14. 電話對陣

電話溝通比起面對面衝突，不但讓他更能夠借聲音來發洩心中的怒氣，還可以將彼此的敵意局限在兩個地方。他不怕因此受到身體攻擊，也比較能夠控制吵架情緒。他可以隨時掛斷再打，或等對方再打給他。在他的生命中，有許多類似掛斷電話的委屈經驗，但他都不願直接面對。

15. 沉默

他對憤怒的反應是：保持沉默。雖然表面上他愉快、開朗，但內心卻怒氣沖沖。他不惹是生非，不破壞現狀，即使船底有個洞，船開始往下沉，他也寧可選擇溺死，而不願和他人針鋒相對。基本上，在人際關係方面，他是個悲觀主義者，而且他認爲，誠實只會使事情更糟。

15 説話時比手畫腳的人好勝心強

一般而言，比手畫腳的動作幅度大的人感情豐富。和身體僵硬、言行拘謹的人正好相反，這類人的行爲舉止和自己情感、情緒的表達有非常密切的關係。當情緒高昂時，身體的動作便很自然多了起來，若心中有不吐不快的事情時，手的動作也會不自覺地誇張起來。

這種人總是急於表達自己的情感、宣洩自己的情緒，因而忽略了他人的感受，是屬於個性較爲強勢的人。缺乏主見者若是和他們在一起，將會被其強勢的氣焰壓制住。正因爲他們只考慮自己而忽視他人的感受，基本上是屬於較自私的個性。

但是，這類型的人在工作上大多相當有能力，由於個性積極，對自己想說的話、想做的事，都能通過流暢的表達能力，輕易地傳達給他人。再加上說服能力夠強，辦事的成功率也提高不少。他們的動作誇大，好像在演戲似的，以致自己情緒的興奮、低落，很容易影響周圍的人，在工作職場上或團體中，可帶動他人和自己一起往前衝，是創造活躍氣氛、使大家團結爲一體的高手。

特別是那種連打電話時都會誇張地比手畫腳的人，明明看不到對方，卻好像對方就在眼前似的，這種人若對一件事物熱衷起來，其他的事便不會放在眼裡。除此之外，他們也是好勝心非常強的人，若有強勁對手出現的話，他們一定會使出渾身解數，絕不願輸給對方。

這類型的人，不僅在工作上，對於玩樂和商場上的應酬，也毫不含糊，樣樣事都拿捏得十分恰當。可是一旦遭遇挫折，卻會變得異常脆弱，若再加上沒有賞識自己的上司，缺乏適時的激勵，也會令他們油盡燈枯，欲振乏力。因此，他們也常常需要看一些勵志性的書籍，藉以鞭策自己。當他們感到失落時，與其對他們說一些鼓勵的話，還不如製造一個新的環境，讓他重新投入一個自己主演的劇情中，反而會讓他們振作起來。

16 雙臂交叉抱於胸前者防衛心重

將雙臂交叉抱於胸前，是一種防禦性的姿勢，防禦來自眼前人的威脅感，保護自己不產生恐懼，這是一種心理上的防衛，也代表對眼前人的排斥感。

這個動作似乎在傳達著「我不贊成你的意見」、「嗯……你所說的我完全不明白」、「我就是不欣賞你這個人」。當對方將雙臂交叉抱於胸前與你談話時，即使不斷點頭，其內心其實對你的意見並不表示贊同。

也有一些人在思考事情時，習慣將雙臂交叉抱於胸前，但是一般來說，有這種習慣的人，基本上是屬於警戒心強的類型。在自己與他人之間畫下一道防線，不習慣對別人敞開心胸，永遠和對方保持適當的距離，冷漠地觀察對方。

防衛心強的人，大多數在幼兒時期沒有得到父母親充分的愛，例如：母親沒有親自喂母乳、總是被寄放在托兒所、缺乏一些溫暖的身體接觸。在這種環境之下長大的人，特別容易表現出此種習性。

著名的日本演員田村正和，在電視劇中常擺出雙臂交叉抱於胸前的姿勢，因此他給觀眾的感覺，絕不是親切坦率的鄰家大哥，而是高不可攀的紳士。他不是那種會把感情投入對方所說的話題中，陪著流淚或開懷大笑的類型。他心中似乎永遠藏有心事，在自己與他人之間築起一道看不見的牆。這種形象和他習慣將雙臂交叉抱於胸前的姿勢，似乎非常符合。

個性直率的人通常肢體語言也較爲自然放得開。當父母對孩子說「到這兒來」，想給孩子一個擁抱時，一定會張開雙臂，擁他入懷。試試看將雙臂交叉抱於胸前對孩子說「到這兒來」，孩子們絕不會認爲你要擁抱他，而是擔心自己是否惹你生氣，準備挨罵了。

觀察一下對方，是習慣將雙臂交叉抱於胸前、還是自然地放於兩旁呢？自然放於兩旁的人，較爲友善易於親近，並且可以很快地和你成爲好朋友。不過，若你有不想告訴他人的祕密，又想找人商量時，請選擇習慣將雙臂抱於胸前的人。因爲太過直率的人守不住祕密，而習慣於雙臂抱胸的人會將你的祕密守口如瓶。但是，要和這種人成爲親密的朋友，可能要花上一段很長的時間。

17 常見假動作中的真實含義

假動作多見於說謊者。在求人與被求者面對面時，被求者有時爲了表示拒絕，可能編個謊話來搪塞。當然，求人者並不知道他在說謊，除非謊言當場被揭穿。然而這種情況很少見，大多數人是在事後才知道。而在當時被求者是毫無防備的，也許說謊者慣於此道，讓人信以爲眞，但是總有一些動作或手勢顯現出他（她）剛才說了謊話，只是被求者沒有留意觀察而已。

通常的假動作有：

1. 掩嘴

這是一種明顯未成熟、還帶孩子氣的動作。用拇指觸在面頰上，將手遮住嘴的部位稱作「掩嘴」。也許說謊者大腦潛意識中，他不想說那些騙人的話，而導致了掩嘴這個動作。也有人假裝咳嗽來掩飾其捂嘴的動作，分散自己的注意力。如果一個跟你談話的人常伴有掩嘴的手勢，也許他正在說謊話。但當你講話時，聽者掩著嘴，也許說明聽者覺察到你在說的話令他不滿意。有時，這種掩嘴的動作可能會出現不同的形式：用指尖輕輕觸摸一下嘴唇；將手握成拳狀，將嘴遮住。

2. 觸摸鼻子

有時，當一個人說謊後，會有一種不好的想法進入大腦，於是會下意識地指示手指去遮捂嘴，但是，到了最後的關頭，又害怕別人看出他在說謊，因此，只是很快地在鼻子上摸一下，馬上就把手放下來。當一個人不是在說謊，那麼，他觸摸鼻子時，一般要用手在鼻子上磨擦一會兒，或搔抓一下，而不是只輕輕觸摸一下。

3. 磨擦眼睛

有些人在說謊時，會去磨擦眼睛以避免與人的目光接觸。從男人來講，磨擦眼睛較用力，如果是說大謊時，他會轉移視線，如用眼睛看著地板。磨擦眼睛的女人，都是在眼的下方輕輕地揉。這樣做，一是爲了避免動作粗魯；二是怕弄壞了自己的化妝。爲了避開對方注視，她們常常眼看天花板。

4. 拉衣領

有時，當一個人說謊時，會引起敏感的面部和頸部組織的刺痛感，因而就必須用手來揉或搔抓。說謊的人感到對方懷疑他時，脖子似乎都會冒汗，這時他下意識地拉一拉衣領。

5. 搓耳朵

有時，這種手勢暗示著聽者沒有聽出謊言。搓耳朵的變化形式還包括拉耳朵，這種手勢是小孩子雙手掩耳動作在成人動作中的一種重現。搓耳的說謊者還會用手拉耳垂，或整個耳朵朝前彎曲，後一種手勢也是聽者表示厭煩的標誌。

6. 撓脖子

有時，說謊者講話時用寫字的那隻手的食指撓耳垂下方部位。有趣的是這種手勢要撓上五次左右。

一個說謊者，除了以上幾種表現外，還有其他一些表現，如：平時沉默寡言，突然變得口若懸河，不自覺地流露出驚慌的神態，但仍故作鎮定；言詞模稜兩可，音調較高，似是而非；答非所問，或誇大其詞；故意閃爍其詞，口誤較多；對你所懷疑的問題，過多地一味辯解，並裝出很誠實的樣子；精神恍惚不定，座位距你較遠，目光與你接觸較少，強做笑臉；對於你的講話，點頭同意的次數較少，如此等等。辨認對方的假動作是一項非常重要的技巧，領導者掌握這個技巧，有助於識破對方的謊言。

18 通過手勢看人識人

在與人交往中，手勢已經成爲了其中很重要的一部分，它能夠加強語言的力量，豐富語言的色彩，並做爲補充和說明的作用，更有時候，它甚至能夠成爲一種獨立而有效的語言，它還可以幫我們看清一個人。

一般來說，明顯的、有意圖的手勢傳遞的信息量往往更大，如揮手表示再見，雙手比劃一定的尺度大小，豎起大拇指表示對某人的稱讚，豎起小拇指則表示輕蔑，食指彎曲與拇指接觸，呈圓形，其餘三指張開，表示某件事情已經完成，即「OK」。而拇指和食指伸直，呈垂直狀態，其餘三指併攏，成大致的槍形，則表示懷有某種仇恨，有發洩的欲望等。

當然，這些手勢都是在生活當中約定俗成的，大家都懂得，但這些手勢在不同的地區、不同的國家、不同的宗教信仰和文化背景下，人們的理解可能會有一些差異。

通常，一個人的手指若不停地動彈，多半是他目前正處在一種非常緊張的狀態中，而感到無所適從，憑藉這種方式來轉移自己的注意力，以緩解緊張的心理。

用手指輕輕地敲打桌面，暗示這個人可能陷入到某種困境當中，或是在思考解決問題的辦法，或是處在猶豫之中，不知道某個決定到底是該下還是不下，也有可能是這個人不耐煩，用這種方式來減輕一下煩躁的情緒。

一個人如果經常有較無聊的手勢和動作，說明這個人的自制能力比較差，且比較重視表面化的一些東西，虛榮心和表現欲望比較強烈。

一個人如果經常做出讓人感覺到非常有力量的手勢，說明這是一個有勇氣、有魄力，凡事敢做敢當，能夠承擔一定責任的人。這一類型的人做事非常果斷和堅決，一旦想做，就會付諸行動，而且有一定的韌性和毅力，不會輕易放棄。

習慣於把手指放到嘴邊咬指甲或是吮吸手指的人，無論外表多麼高大健壯，但他們在精神和心態上還是比較幼稚的，因爲眞正成熟的人絕對不會有這樣的行爲。

在與人交往中，突然用兩手緊緊地抱住手臂，身體稍微有些向後仰或是雙手叉腰，身子前探，這都表示對對方的話持不贊成的態度。

在聽人講話時，把雙手插進口袋裡，這是一種很不禮貌的行爲表現，會讓對方產生一種不被信任的感覺。

在說錯某一句話時，趕緊用手捂住嘴，做遮掩之勢，這樣的人多性格比較內向，而且靦腆，說錯話以後會非常後悔，並感覺不好意思，而耿耿於懷。

把手放在腹部，並且無意識撫摸腹部的人，多有些神經質、多疑。

19 從空間距離上識別對方的狀態

空間也會說話。空間距離的大小與情緒有關。通過「會說話的空間」，我們還可以看明白一個人。

交際溝通的理想距離，即個體空間，與文化背景也有密切的關係。

當你漫步在人行道上，慢慢地靠近某個人到一定距離時，這個人會有意或無意地躲避你，拉開已經縮小的空間距離。這證明當人們在與別人相處時，總是力圖保持一定的個體空間。人的確都具有一個把自己圈住的心理上的個體空間，它就像一個無形的「氣泡」一樣爲自己「割據」了一定的「領土」。一旦這個「氣泡」被人侵犯，就會感到不舒服或不安全甚至惱怒起來。

空間有「情的空間」與「知的空間」之分。

心理學上把坐在身旁，即橫向空間叫做「情的空間」，因爲這種情勢和情人談心的方式相似。情人多半談感情方面的內容，容易產生親切的感覺。

相反，對面而坐的縱向空間叫做「知的空間」，這種情勢容易使人頭腦清醒而精神集中，比如下象棋或圍棋，雙方一定要相對而坐，才可以把全副精神集中到棋盤上。「知的空間」，沒有可容情意進入的餘地，所以面對面坐著常使女性感到不自在。時常見到女性和陌生人對面而坐時，目光始終低垂注視著自己的裙擺，這就是女性不能忍受這種「不容情感存在」情勢的一種緊張表現。

在咖啡廳內觀察在座每一對男女是件有趣的事。那些尚未進入狀態的男女，正襟危坐地尋找話題，臉上寫滿惶恐的表情。而普通的朋友，則多坐於桌子的對角線兩端。

至於熱戀中的情侶，全憑一對眼睛說話。任何事都急於和對方分享的情侶，正湊近對方鼻尖拼命傾訴不休。實在是情難自禁的男女，則乾脆雙雙坐在一張座位上。

從選擇座位的坐法，我們究竟能瞭解多少「內幕」呢？以下是三點訣竅：

對方一本正經地坐在你正對面，這極可能表示他有要事透露。同樣的，當你非得去說服勸誘對方不可的時候，坐在對方的正對面將更能有力傳達自己的眞情實意，也更能吸引對方的關心注意。

對方選擇遠離你的位置入座，這表示其談話的意願相當低落，如在這時候進行交涉，成功的機率必定不高。不如以其他閒談聊天先搏取對方的溝通意願，如果事情很重要則最好擇期再談。

如對方和你呈垂直角度而坐，這往往表示有協助你的意願，這時應趕緊提出自己的條件，把握談判交涉的好時機。

美國文化人類學者愛德華・霍爾總結出八種人際關係距離，雙方談話時候的距離，往往暗示出談話雙方的心理距離。這些不同距離，如能靈活巧妙地運用，可以對自己處理人際關係發揮作用。

從距離可以測出對彼此關心的程度。如與對方談話的時候，你一接近對方，他馬上採取逃避的防衛姿態，便充分表露其拒絕的心意。而若談話中途爲了非必要原因而退席，亦表示對方認爲沒有再談的必要，因此急於和其保持距離的拒絕態度。

爲了引起對方的關心注意，以加強自己的說服力，談話時，應盡可能保持單手即可觸及對方身體的距離。

這原本是對友人所使用的距離，如能接近對方到這個距離內，便很容易把親切與熱誠傳達給對方。若情形需要的話，接近對方，做一次促膝會談，是相當管用的好方法。

雙方距離的變化，能透露彼此的親密程度。進展順利的男女朋友，其間距離變化應該是呈社會距離、個體距離、親密距離的漸近改變。如果一而再、再而三地約會，都無法接近彼此距離，那麼雙方就有重新審視彼此關係的必要了。

人們都有一種保護自己的個體空間的需要，這並非表示拒絕與他人交往，而只是想在個體空間不受侵占的情況下，自然地交往。

個體空間實際上是使人在心理上產生安全感的「緩衝地帶」，一旦受到侵占，就會做出兩種本能的反應：一是覺醒反應，如手腳的不自然動作，眨眼的次數增加。二是阻擋反應，如挺直身子，展開兩肘呈保護姿勢，避開視線接觸。

覺醒反應是引起緊張狀態，阻擋反應是對待情境的一種方式。如果實在忍無可忍，只要可能有機會，就會退而避之。

電視上曾轉播一場籃球比賽，不經意出現很有意思的一幕。是教練在訓斥一名犯錯的球員。他首先把球員叫到跟前，緊盯著他的眼睛，要這位年輕小伙子注意一些問題，訓完之後，教練輕輕拍了拍球員的肩膀和屁股，把他送回到球場上。

教練這番舉動，從心理學的觀點來看，確實是深諳人心的高招：

1. **將選手叫到跟前**。把對方擺在近距離前，兩人之間的個人空間縮小，相對地增加對方的緊張與壓力。

2. **緊盯著對方的兩眼**。有研究表明，給孩子講故事時緊盯著孩子的眼，過後孩子能把故事牢牢記住。教練盯著球員眼睛，要他注意，用意不外是使對方集中精神傾聽訓斥。否則球

員眼神閃爍、心不在焉，很可能會把教練的訓示全都當成了耳邊風，毫不管用。

3. **輕拍球員身體，將其送回球場**。實驗顯示，安排完全不相識的人碰面，見面時握了手和未曾握手，給人的感受大不相同。

正確接觸對方身體的某些部位，是傳達自己感情最貼切的溝通方式。如果教練只是責罵犯錯的球員，會給對方留下「教練冷酷無情」的不快情緒。但是一經肢體接觸之後，情形便可能大大改觀，球員也許變得很能體諒教練的心情：「教練雖然嚴厲，但終究是出於對我們的一番好意！」

上面這三大原則，不僅教練和選手之間用得上，就是在孩子教育上，也會產生意料不到的良好功效。

在父母而言，教育孩子是自己的重大責任，所以應該隨時進出孩子房間，監視他們用功情形，這已成爲父母天經地義的權力。但是這麼一來，「給孩子獨立的空間」此一本意即已遭到扭曲變形了。

研究表明，有自己的房間、有可供自己自由支配的零用錢、沒有與父母親同寢習慣的孩子依賴性低，也就是說獨立性較強。

但是，從今天父母給予孩子獨立個人空間的動機來看，即使孩子有了自己的房間，也不

能保證可以降低對父母的依賴心理，促其自立心早日萌芽。

要想讓孩子的個人空間發揮應有功能，父母就應該節制自己凡事想過問、干涉的欲望，把房間全權交由孩子自行處置。

從房內的裝潢擺設，到整理、清潔、掃除，完全委託給房間的主人。就像某些心理學家所說的：「必須將孩子的房間當做是家裡的另一戶人家。」

根據美國的調查，顯示孩子一～十歲前後，保有隱私權利的急劇強烈。東方國家在文化背景上和西方原本就有所差異，中國父母認爲進出的是自己孩子的房間，根本沒有敲門或事先招呼的必要。

圓桌可給談話對方親密感，並傳達體諒、互信的情緒。如遇雙方必須平心靜氣坐下來，設法動用自己的魅力與可信賴感，進行遊說交涉的場合，圓桌是理想的選擇。

另一方面，使用方桌往往能給人權威的、具攻擊性的印象，所以用在下達命令、利用自己權威說服對方時能發揮效果。

當上司將下屬喚到自己辦公桌前，發出各種指示的時候，利用也正是代表了自己勢力範圍、炫耀主人權威的方形辦公桌，暗示其地位關係，而實現上意下達的目的。

活用圓桌三法：

圓桌一般無上座，與會者都能處於對等立場發言，所以氣氛多趨向活潑，會議結論也不會爲刻意安排所左右。在需要集合全體意見的場合，應使用圓桌。

使用圓桌的領導者，具有重視與成員之間的人際關係，以整體公平協調爲主的傾向。相反，使用方桌的主管，則傾向以解決議程爲最優先要務。

在重視與對方的人際關係，尊重對方意見，必須處在平等立場進行遊說談判的時候，圓桌顯然比方桌更加理想。

圓桌因爲沒有上座，必要時候可以利用空席隔出上座。

通過觀察人們所選擇的個體空間，我們可瞭解到對方人際關係的願望和現狀。

花前月下的青年男女，如果他們的空間距離達到肌膚相觸、息息相聞的地步，可以斷定他們已是情意綿綿的戀人了。因爲隨著人們相識、親近程度的提高，這種個人的距離逐漸縮短。

顯然，在不同的場合和時間，個體空間是不同的。

在公共汽車上，擁擠的時候與人比較少的時候個體空間明顯不同。擁擠時如果站得很近，雙方都會將頭略微轉向一方，避免目光的接觸；如果有身體的接觸，則會自然而然地使肌肉緊張起來，以補償這種空間破壞。

在海濱浴場或游泳池，這種個體空間更爲重要，如果隨便靠到一個陌生人旁邊，打破了他的個體空間，很可能會造成嚴重後果。

至於在夜深人靜之時，一個單獨在街上或偏僻處行走的人，所需的個體空間更大，視野中出現了逐漸走近的人，就會產生很大的不安全感和戒備感。

我們看到西方國家在競選期間，在各報章雜誌或電視、新聞媒體上，刊載出來的，無不是一幅幅候選人與選區選民親切握手的畫面。此時的候選人恨不能成爲千手觀音，握盡每一位選民的手，就好像握手能代表他的千言萬語，每握一位選民的手，就已經握住一張選票。而事實上，也差不多眞是如此。

此外，和交涉的對方進行一次嚴肅的談判，在近距離內，不給對方逃避我方問題的餘地，也能收到實質效果。

要想說服別人，熱誠的態度必定要配合近身的短距離，否則和對方相距數米之遙，儘管是熱心勸說，也可能會招致對方反感。

比較親密的朋友之間，交談距離比陌生人近。在電影院裡，從觀眾坐的姿勢和頭部保持的距離，也可以看出這種距離差異。靠得最近的常常是熱戀中的男女青年。當然，夫妻交談時站立的間距也是很近的。

這就告訴我們，在交往中選擇適當的空間距離尤爲重要。

有一位美國姑娘意外地拒絕了一個小伙子的求婚，其理由十分簡單：那位男青年求婚時竟然與她相距2.5米，使她感到十分惱怒，因而做出了拒絕的決定。

那麼，什麼是最適宜的空間距離呢？專家們通過不斷的實驗，制定了一個非常有趣的人際空間距離的尺度。

相距45釐米的空間距離，最適宜調情或親密地交談。

45～60釐米，是私人的空間距離，它是個體企圖維持自己私人利益，所需要的適當距離。

妻子可以心安理得待在丈夫的私人空間內，但若其他女性步入這個空間，她就會醋性大發。私人的空間距離又可以長到60～80釐米，基本上與人的手臂等長，這個距離，適合於對個人問題的討論。

80～210釐米的距離，適合於同事之間的交談，而正式會談時，人們所保持的距離則爲210～360釐米。

空間距離的大小，與情緒有關。

通過「會說話的空間」，我們還可以測知一個人的個性、情緒等。

在家逞威風，到了外面瑟縮得像隻小老鼠的孩子，並不少見。有人在家中對妻子兒女頤指氣使，擺盡大男人的架子，一到公司，搖身變成唯唯諾諾的「小媳婦」。而在自己科裡張牙舞爪，好不神氣的科長，到了其他科室，立即收斂成爲謙恭有禮的好同事。這些都是常出現在我們生活四周的情景。

自己的家、自己辦公室的桌椅、平日熟悉的場合，都很自然成爲自己的勢力範圍。盤踞在自己的勢力範圍內，一切行動全聽憑主人決斷，所以在自己地盤裡，最能向人誇示自己的權威與地位。

在自己地盤容易取得主導優勢，所以遇到棘手的談判對象，不妨將他邀請到自己家裡或辦公室內對談，對我方可能有利得多。

如預料雙方見面，將可能有激烈的爭執辯論，則應盡量把見面地點選在自己熟悉的場所，屆時才能夠更容易對對手發動反擊。

勢力範圍能使強者更強，因此當上司欲說服下屬、父母欲勸導子女，可選擇在自己辦公室或房間內，當能收到更好的效果。

某電視節目主持人進行訪談的時候，曾發生這麼一段小插曲：

當排演時，雙方簡單對答到中途，主持人突然隨口問受訪者：「您坐在這裡一直採取兩

手抱胸的防禦姿勢，不知和今天的話題『勢力範圍』，是不是有什麼關係？」此話一出，對方霎時怔了一下，而同時也不得不由衷佩服主持人。

對方因是初次上電視臺，總有陷入「敵陣」的緊張不安。而坐在不熟悉的攝影機面前，表情更是僵硬、不自然，這些忐忑的情緒正反映在兩手交疊抱胸的肢體語言上。

經過主持人的指正，受訪者當然改變了這個令人不悅的姿勢。不過一直到正式錄完節目之後，他不自在不佳情緒還是難見改善。如果能保持抱胸的防禦姿態錄完像，他的心情可能會輕鬆不少，但是這麼一來，可就要大大得罪電視機前的觀眾朋友。主持人的敏銳觀察，可謂是好眼力。

緊緊交叉著雙臂或雙腿，好將自己安全包裹起來，這種姿勢多帶有自我防衛、拒絕對方的意味。

手腳微開、全身鬆弛的寬鬆姿態，一般有接納對方的用意。

社會地位高對地位低者、上司對下屬多表現前述的寬舒姿勢。因此向對方做出這一姿態，會給人有我方自視優勢的印象。

全身僵直，如站立不動的衛兵，多是源於內心強烈不安。

垂頭喪氣、鬱鬱寡歡、肢體動作少，通常是有求於人的無助表現。

身體越是直接正對著對方（面對面），越顯示善意的感情。

不過，從姿勢推斷對方心理，不能憑一時觀察斷章取義，應該將前因後果都列入考慮。

例如，激烈運動過後，疲勞而無力的姿態，當然不能視爲向人求援的表示。

20 從照相時的臉部視角識人

隨著現代科技的發展，一個人想照相不必非要到照相館去照，有的手機就有照相功能，只要心情高興，隨時隨地都可以照一張相。因爲每一張照片不但會給自己留下美好的回憶，還可以在閒暇時拿來與朋友們一起對著照片評頭論足。所以，不管任何人，都想照出一張最好的照片來。心理學家發現，從一個人照相時的表現可以判斷出其性格特徵來。

(1)呈現左邊的臉且視線朝上看的人。這種人性格開朗大方，爲人和善，待人眞誠，溫柔體貼，也比較謙虛，容易與別人融洽相處。

(2)呈現左邊的臉且視線向下看的人。這種類型的人喜歡我行我素，堅持自己的主張，如果自己的意見沒被接受，就會焦躁地對周圍的人動怒，且精神上會陷於低潮、不安定的狀態。

(3)呈現右邊的臉且向上看的人。這種人對自己很有信心，是個自我表現欲強烈的人，具有將自己的優點表現給他人看的強烈意識。雖易與人融洽相處，但碰到事情時，有時會突然關上溝通的大門。

(4)呈現右邊的臉且向下看的人。這種人具有積極的行動力和領導的素質，可是有時稍微過分。所以，多屬於獨斷獨行的人。

根據衣著打扮識別對方

PART 2

衣著是思想的形象，這和有錢沒錢無關。
學會從衣著打扮看人識人，
就很容易迅速掌握對方的性格與愛好。
這是最簡單的方式之一。

1 從穿著風格識別對方心理

常言道，服裝是流行的文化。從一個人衣著打扮的習慣中，可以看出一個人的性格特徵。

1. 喜歡穿白襯衫的人：缺乏愛情，清廉潔白，是個現實主義者

喜歡穿白襯衫的人，其性格特徵是缺乏主動性、判斷力和羞恥之心。他們在色彩感覺上、在扮裝上都非常優秀；相反的，不論對什麼服裝，只要穿上白襯衫都能相得益彰。白色確實與任何顏色的服裝都能搭配組合，關於這一點沒有什麼異議。同時，白色是表示清潔的顏色。

白色與任何顏色都能搭配的優點，當然也能給人一種親切感，但這種型態的人「穿什麼都可以」，就是說對服裝不受拘束，在性格方面是屬於爽直派的。諸如穿白襯衫職業的，比如裁判官、醫生、護士、機關的職員等各行各業的職業者，當你看到他們的第一印象都是缺乏感動性，尤其在感情方面和愛情方面。有這種感覺倒是不可思議。

這類人容易自以爲是。對於自己喜歡從事的工作，他會一意孤行地追求和實現。這類人

在商場上常常是個「躁動份子」，極可能與他人起衝突，隨時有動干戈的事情發生，在人際交往中，遇到這類穿著的人要有戒備之心。這類人總會爲自己的失誤找出各種藉口，這種人沒有什麼話題可言，除重要的事情交涉後，關於酒色話題一般不參與言論。有喜好穿白襯衫習慣的人，總是以工作爲人生的支點，是不折不扣的現實主義者，對工作有一貫認眞的態度。在茫茫眾生中，總有一些腳步匆匆、馬不停蹄的人，他們享有較高的社會地位，爲了維持自己的「白領」形象，他們無時不在爲工作做出努力，他們是上司眼裡的精英、下屬心中的怪物。

2. **喜歡粗糙風格的人**：特立獨行型，用人不得法

粗糙風格就是不打領帶的人。

「領帶好像是會束縛脖子，我不喜歡。」這類型態者大概喜歡粗糙風格，這種人像「一隻狼」喜歡獨來獨往。

在穿著上喜歡不修邊幅的人，大都是活力四射的精力旺盛之人。這類人不喜歡久居人下，喜歡領導別人做事，其用人的手法通常很不高明。這種人不適合從事薪水階層工作，大多數人都是脫離薪水階層，單獨到社會中去做生意或自由闖蕩。

由於某種職業特點的限制，許多人被迫打起了領帶，假如一位主管有意無意對下屬提起

對打領帶的看法，如果他回答是不喜歡打領帶，那麼就可能說明，他對現在的處境不滿意，有另起爐灶的意圖。

3. 喜歡樸實服裝的人：堅韌、有計劃，但運數不佳

政府官員和銀行職員等，大概是由於職業的關係，大多喜歡穿樸實的衣服。這類人從表面現象上也是樸實的。這類人大部分屬於體制順應型。在樸素當中，也有一些豪華的特徵。而且，他們在自己的容姿上也有相當的自卑感。相反，喜歡豪華服飾的人，是自我顯示欲和金錢欲望都強烈的人，同時也具有歇斯底里的性格。

這種類型的人，利用自己的特性，發展適合自己的職業一般毫無問題。有些雖不是體制順應型的人，但爲生活不得已勉強穿樸素服裝。

許多公司注重制服，這完全把人的個性壓制住。不讓個人穿自己所喜歡的服裝，這種行爲是絕對不可取的。在歐美人的眼中，把東方人這種型態視爲工蜂或經濟動物。由此可知，歐美人對於服裝按照自己的個性，自由自在地去選擇穿著，是個性的一種充分表現。

平時喜歡樸實服裝的人，但在某個豪華的場合上，你卻看到他盛裝而入，這種人就要引起人們的警覺。這類人可能十分單純，也可能頗有心機。他對金錢的欲望非常強烈，對別人的批評也非常在意，很難接受別人對他的意見，對這類人，「奉承」是上策。

穿著樸素衣服的人向來非常小心，任何事情都有計劃性，並且以注意誠實不欺者爲多。另一方面，這種人外表看起來誠實，其實對酒色特別著迷，以致家運不好。應付這種類型的人，不要顯示攻擊心。其次，這種類型的人，人情味非常淺薄，是重視現實的人。

4. 喜歡藍色、藍紫色服裝的人：待人雖溫和，但自尊心強

喜歡穿這種服裝的人，大多屬精神病或者精神分裂症，其性格是缺乏決斷力、實行力。這類人說話比較囉嗦，缺乏羞恥心和責任感，由於這類人不善於表露自己的情感，是自尊心非常強烈的人。

這種人與人相處時，如果你缺乏觀察的眼光的話，會感覺這種類型是，「很好的人嘛」！其實這種人缺乏人情味。假如這種人是你的處長，當你經過數次請客，與某公司進行的交易成功時，你的處長就會講話：「這件事情怎麼沒有預先報告，你自行交涉是不對的。」總而言之，這種類型的處長沒有培養部下的能力，並且也不喜歡把功勞讓給部下。

按照處長的意思是：「在請客方面花很多錢，不如把所花的錢，直接送給談生意的人更爲有效。」這種想法是喜歡這類色彩服裝的人特有的想法。

要想接近喜歡這類色彩服裝的人，應逐漸按部就班，並投其所好。同時在這種人面前，不能說別人的壞話，這種人在你說別人壞話時，他會假惺惺地罵你。

5.喜歡穿黑色服裝的人：愛恨分明，但個性非常溫厚

有的人說，穿黑色服裝會使人精神緊張，也有人說，黑色服裝是只能在結婚、喪葬及祭祀的儀式中穿著的服裝。通常喜歡紅白明顯色彩的人，同時也喜歡黑色系統服裝的，是歇斯底里型和神經質型的人的特性。

此種類型的人的性格特徵是：對別人的態度不溫柔，很難接近。但假如瞭解他的心理後，你會發現他是個非常有趣的人。這類人大多都有點羅曼蒂克的氣質，這類人性格通常多是溫柔善良，爲人忠厚，且具寬容的氣度。在商場上遇到這類人時，你必須對他持誠實的態度。他讓你做的事，能夠做到的話，你一定要立刻付之行動，讓他從實際中瞭解你，然後成爲他的朋友和合作者。

對人依賴心非常重，是喜歡穿黑色服裝人的短處。這種類型的人在性格上不喜歡半途而廢，任何事情都要徹底弄明白，看起來好像是個樂觀的人，實際上是爲了隱蔽某一點，所以花費很多心思來表現大方之處。這種人實質上有纖細神經的一面，經常處於著急狀態。

6.喜歡穿粗直條整套西裝的人：對自己沒有信心，喜歡擺空城計

在一般薪水階層人士的穿著習慣中，很少看到穿藍色粗直條西裝的人。大多數的自由職業者，爲了掩飾職位上引起的感覺不安，才喜歡穿這種整套的西裝，來隱藏內心的動向。

這種人的特徵是流行時尚的發燒友。由於對自己沒有信心，又恐怕被別人發現，或者因爲情緒上的孤獨不安時，才會穿上粗直條整套西裝。

與這種類型的人接觸時，絕對不能攻擊對方的缺點。如果言談之間的內容不假思索的話，會受到對方的攻擊，因此需多加注意。例如對方不幸的事情，一定要絕口不提。「你的名譽眞是狼狽不堪」或「那是命運」，諸如占卜書那種口吻絕對要避免。因爲這種人最不喜歡占卜。所以對這種人不要多講話，按照對方說話的語氣去調整，盡量不要指責其缺點，並且要不時地誇讚他。這種類型的人性格有點類似女性。實質上這種人頭腦非常單純，所以，你應當避免去激怒對方。

7. 喜歡穿背後或兩旁開叉上衣的人：具有領導氣派，且自我顯示欲非常強

上衣背後或兩旁開叉的衣服，並非爲了肥胖的摔跤選手穿著所設計的。同時，肥胖型者也有喜歡穿背後開叉的傾向。

你們大概經常碰見西裝筆挺的紳士，英國製的西裝，帶花紋的領帶，小羊皮或羔羊皮鞋、珍珠袖扣、瑞士製的手錶，鏡框是高級的舶來品，連打火機也是世界上馳名的名牌商品。像這樣的人，在你所見者之中一定不乏其人。

這類人通常會給人以商界大亨或來頭不小的感覺。而且這類人通常極具僞裝性，他們大

多以俠義中人自居，藉以表示領導者的風範，但這種人通常讓人失望，並不眞是具有俠義之氣的人。但這類人的金錢觀念比較淡薄。對長期交易沒有多少興趣，往往特別注重短期交易，具有追求一夜暴富的傾向。

一旦以信用爲主進行交易時，必須詳細調查對方的底細。一方爲了愼重起見，想暫停交易的話，對方則會施以威脅法。若一方採取冷靜態度，對方會急變爲軟弱戰術。

這類人士會對人做過多的許諾。此時，你應委婉推辭爲上策。其實這種人的性格是神經質，疑心重、嫉妒心強、獨占欲旺盛，喜歡裝飾外表並且好玩的典型。然而，觀其面貌又是一副誠實的模樣。

8.喜歡舶來品的人：有自卑感，但善於奉承人

對於喜歡這類穿著習慣的人，絕不能輕易從外表上判斷其爲人。有的人在任何場合都喜歡從上到下都是舶來品的裝扮。這類人和他人打交道時，一點人情味都沒有，簡言之，這類人大多都冷酷無情，即使外表看起來非常密切的人，事實上他們之間的關係，肯定不乏利害關係連結著。

這種人對生意上的事情非常敏感。當自己處於不利地位時，會立刻尋找外援，而一旦失手，則會諉過於人，對於這類人，要有警惕性。

假使你的朋友中有喜歡舶來品者，這種人對流行很敏感，另一方面對自己又缺乏信心，想用舶來品來裝飾自己。這種類型者多數是孤獨、情緒不安定且有自卑感，最好不要去揭穿他們的自卑感。

9.穿著馬虎的人：缺乏機密性、計劃性，但有實行力

在穿著方面有非常馬虎習慣之人，是可以從如下方面進行判斷的。有的人上裝著英國的名牌尼龍西裝，腳蹬一雙義大利皮鞋，而卻繫著一條非常粗俗領帶的人，這種穿著不得要領，疏於考究的人，就是穿著習慣上非常馬虎之人。他們的特性就是，與眾不同。

這類人通常富有行動力，對工作抱有熱忱之心。

假如在同事或晚輩之中有這種類型的人，對你而言，並不是件好事，這類人雖然富有行動力，得意之時，他會高踞在上，失勢之時，他又畏縮不前，是一類非常麻煩的人。

這類人，一旦下決心從事某項工作，就會貫徹到底，有始有終。如果你和這類人相處的時候，一定要掌握分寸，有距離的尊敬，因爲他聽到異己之言，便會惱羞成怒，對於這類人，不宜採取責備的口吻或刺激性語言，讓他對你造成不必要的妨礙。和這類人有生意上的往來時，你的勝算非常的低。假如你必須和這類人打交道，你就要學會使用頭腦和手段，盡量別招惹他生氣，這類人比較注重連帶關係和相同意識。

2 從衣服的選擇判斷人的性格

「衣服是文化的表徵，衣服是思想的形象。」這是郭沫若說過的話，意思是說，人可以通過衣著打扮，來向外界展示自己。

隨著社會的進步與發展，現在從衣著打扮上判斷一個人的難度在無形之中增大，因爲現在的人們提倡張顯個性，不再拘泥於這樣那樣的形式，所以不能按照傳統的一套，進行觀察和判斷。

但也正因爲張顯個性，不拘泥於形式，人可以更加充分地展示自己的心理狀況、審美觀點等，從而把握其性格特徵。

一般來說，喜歡穿簡單樸素衣服的人，性格比較沉著、穩重，爲人較眞誠和熱情。這種人在工作、學習和生活當中，對任何一件事情都比較踏實、肯幹，勤奮好學，而且還能夠做到客觀和理智。但是如果過分地樸素就不太好了，這種情況表明人缺乏主體意識，軟弱而易屈服於別人。

喜歡穿單一色調服裝的人，多是比較正直、剛強的，理性思維要優於感性思維。

喜歡穿淡色便服的人，多比較活潑、健談，且喜歡結交朋友。

喜歡穿深色衣服的人，性格比較穩重，顯得城府很深，不太愛多說話，凡事深謀遠慮，常會有一些意外之舉，讓人捉摸不定。

喜歡穿式樣繁雜、五顏六色、花俏衣服的人，多是虛榮心比較強，愛表現自己而又樂於炫耀的人，他們任性甚至還有些飛揚跋扈。

喜歡穿過於華麗的衣服的人，也是有很強的虛榮心和自我顯示欲、金錢欲的。

喜歡穿流行時裝的人，最大的特點就是沒有自己的主見，不知道自己有什麼樣的審美觀，他們多情緒不穩定，且無法安分守己。

喜歡根據自己的嗜好選擇服裝，而不跟著流行走的人，多是獨立性比較強，有果斷的決策力的人。

喜愛穿同一款式的人，性格大多比較直率和爽朗，他們有很強的自信，愛憎、是非、對錯往往都分得很明確。他們的優點是做事不猶豫不決，而是顯得非常乾脆和俐落。言必行，行必果。但他們也有缺點，那就是清高自傲，自我意識比較濃，常常自以爲是。

喜歡穿短袖襯衫的人，他們的性格是放蕩不羈的，但爲人卻十分隨和和親切，他們很熱衷於享受，凡事率性而爲，不墨守成規，喜歡有所創新的突破。自主意識比較強，常常是以個人的好惡來評定一切。他們雖然看起來有點吊兒郎當，但實際上他們的心思還是比較縝密的，而且什麼時候都知道自己是做什麼的，所以他們能夠三思而後行，小心謹慎，不至於因爲任性妄爲，而做出錯事來。

喜歡穿長袖衣服的人，大多比較傳統和保守，爲人處世都愛循規蹈矩，而不敢有所創新和突破。他們的冒險意識在某一方面來講是比較缺乏的，但他們又喜愛爭名逐利，自己的人生理想定得也很高。這樣的人最大的優點就是適應能力比較強，這得益於循規蹈矩的爲人處世原則。把他們任意放在哪一個地方，他們很快就會融入其中，所以通常會營造出比較好的人際關係。他們很重視自己在他人心目中的形象，希望得到注意、尊重和讚賞，從而在衣著打扮、言談舉止等各個方面都總是嚴格地要求自己。

喜愛寬鬆自然的打扮，不講究剪裁合身、款式入時的衣著的人，多是內向型的。他們常常以自我爲中心，而無法融入其他人的生活裡。他們有時候很孤獨，也想和別人交往，但在與人交往中，又總會出現許多的不如意，所以到最後還是以失敗而告終。他們多半沒有朋友，而一旦有，就會是非常要好的。他們的性格中害羞、膽怯的成分比較多，不容易接近別人，也不易被人接近。他們對團體的活動一般來說，是沒有興趣的。

穿著打扮以素雅、實用爲原則的人，他們多是比較樸實、大方、心地善良、思想單純而又具有一定的寬容和忍耐力的人。他們爲人十分親切、隨和，做事腳踏實地，從來不會花言巧語地去欺騙和耍弄他人。他們的思想單純只是說凡事都往好的方面想，絕對不是對事物缺乏自己獨特的見解。他們具有很好的洞察力，總是能把握住事情的實質，而做出最妥善的決定和方案。

喜歡色彩鮮明、繽紛亮麗的服裝的人，他們多是比較活潑、開朗的，單純而善良，性格坦率又豁達，對生活的態度也比較積極、樂觀和向上。他們多也是比較聰明和智慧的，這些展現在外的就是有較強的幽默感。同時，他們的自我表現欲望比較強，常常會製造些意外，給人帶來耳目爲之一新的感覺，以吸引他人的目光。

3 從服飾顏色觀察對方價值取向

留意於一個人著裝的色彩選擇上，可以看出他的性格特徵和心理動向。

服飾表現個性。通過對一個人的穿著打扮的觀察，可以明顯地發現出一個人的內在氣質。「服飾是第二種皮膚」，也是人們瞭解他人的一個途徑。

在現實生活中，也有不少企業家和社會名流，他們喜歡穿深藍色粗直條紋的衣服，這本不是一個偶然的現象。俗話說，偶然是戴著面具的必然。他們這樣穿著，無非是盡可能地誇大自己的社會影響力，從服裝上表現一種自我優勢的心理趨向。由於藍色是具有安定感的顏色，他們這樣裝扮自己，在自我表現的同時，也在顯示自己在社會的穩定地位。而企業家或社會名流並不都會穿深藍色粗直條紋的西裝，而那些較喜歡此類衣著的人，大多數都可能是徒具豪爽的表像，而內心卻是個軟弱無力的人。

有些人完全無視於自己的愛好，只是由於「流行」，便一味地趕時髦。這種人大都深具孤獨感，情緒也不穩定。

相反地，對於所謂的流行毫不在乎的人，是個性較爲堅強的人；不過，也有很多是由於某種原因或因素，而把自己關在象牙塔里，深恐被他人「同化」，而失去自我。我們如與這種人同事或同處，往往會因小事固執己見，而產生摩擦。此外，還有處於這兩者之間的類型，此種類型者現在比以前大爲增加，這種人屬於強烈的適度自我主張者。

由服裝瞭解他人所應該注意的一項要領，也就是要注意服裝的變化。服裝當然足以反映出個人的喜好。每個人都有各自喜愛的形式、色調以及質料等。一般來講，在一個公司的桌子上，如果放著一件上衣，就憑該上衣的類型、顏色等，便能夠讓人猜出大概是屬於什麼樣的人了。

可是，有時候，我們也會碰到隨時改變其所好，讓人無法瞭解其眞正喜好的服裝爲何的人。這種人的情緒大都不穩定，或者也可能由於希望脫離單調的工作，過著富於變化的生活，以致有此種逃避現實的表現。

還有一種人，本來一向穿著特定格調的服裝，可是，突然之間，穿起完全不同格調的服裝來。這種人大多數是在物質或者精神方面，遇到了重大的刺激，他（她）的思維方式受到新觀念的影響，從而表現在服飾上的重大調整。

在中國古代，有位少數民族的國王，爲了學習漢族的優秀文化藝術，首先從服裝上做起，從意識型態上強化對漢族文化的接納，最終獲得了良好的效果。

在日常生活中，有的人喜歡穿顯眼的華麗服裝，有的人卻喜愛樸素的衣服，這都多少表現其不同的心理。喜歡華麗服裝的人，表示這個人的自我表現欲特別強烈；但是，假使這種華麗程度太過份的話，就成了所謂的奇裝異服。一般而言，穿著這種服裝的人，除了自我表現欲強烈之外，獲取金錢的欲望也很強烈。

有些人經常打著純色領帶，此種類型者，自我意識極強，一切順利的話，可成大器，是一種突出型的人物。

喜歡穿樸素服裝的人，是一種順應體制型的人，這些人大都缺乏主體性。

另一種與服裝的關係密不可分者，就是所謂的流行與心理的關係。法國啓蒙思想家伏爾泰，曾經比喻流行這一現象爲，「善變而煩人的女神」。當然有不少人極容易受這位「女神」的誘惑，但是也有完全不在乎的人。一般說來，女人在意流行，而且容易受流行的影響。此乃起源於女人特有的氣質，心理學上稱之爲「同調性」。不過，現在男人追求流行者，似乎也已顯著增加，這些人都屬於順應體制型，同時也是對自己缺乏信心的表現。換句話說，欲轉換成對他人表現權威的心態了，亦即有補償自卑感的作用。

每一個人在選擇服裝的色彩上，總與個性脫不了關係。因爲，每一個人服裝的色彩，總是和個人當時的心理活動狀態，有著一定的聯繫。所以，從每個人所喜愛的顏色上，可多少看出他具有什麼樣的性格特徵：

1. 喜歡橄欖色的人

這種人在選擇橄欖色時，當時的心理狀態一般是處於被抑制的狀態，和歇斯底里的狀態。

2. 喜歡綠色的人

這種人一般喜歡自由，有寬大的胸懷的特徵，綠色是其在抱有希望、沒有偏見的心理狀態下選擇的。

3. 喜歡藍色的人

這種人通常是在表現內向質的性格，想有現實感的時候選擇藍色。

4. 喜歡橙色的人

一般是在無法獨居時，對人生意欲強烈的人，這種人雄辯、開朗、口才好，並喜歡幽默。

5. 喜歡黃色的人

這種人在使別人感覺自己有智慧、有純粹高潔心境時，選擇黃顏色的服裝。

6. 喜歡紅色的人

選擇紅色的人是衝動的、精神的、很堅強的生活者。紅色，是在虛張聲勢時所選擇的。

7. 喜歡紫紅色的人

選擇紫紅色的人，一般是在無法冷靜、無法客觀分析自己的時候所選擇的。

8. 喜歡桃紅色的人

喜歡桃紅色的人，是希望保持漂亮的。這種人以舉止優雅爲特徵。

9. 喜歡青綠色的人

這類人是在喜歡有纖細感覺的時，選擇青綠色的。

10. 喜歡紫色的人

這種人一般具有保持神祕、自我滿足的藝術家的氣質，喜歡別出新裁。

11. 喜歡褐色的人

這類人在選擇褐色時，當時的心理狀態很踏實。

12. 喜歡白色的人

這種人通常是缺乏感動性、決斷力、實行力，不知所措的。

13. 喜歡黃綠色的人

這類人是一般缺乏興趣、交際狹窄、缺乏纖細心情的。

14. 喜歡灰色的人

這種人是一般缺乏主動性，自己沒有勇氣面對困難。

15. 喜歡濁紫紅色、暗褐、黑色的人

這種人是一般在非社交場合時，不喜歡表露心情。

4 從化妝識別女人心

「愛美之心，人皆有之」，尤其是女人對美更加鍾情，但一個人的容貌是天生的，怎樣才能看上去更漂亮呢？這就需要化妝。事實上，一個女人化什麼樣的妝，從某種意義上說也就是她性情的外露，做爲男人，你便可以通過觀察女友化妝的方式，來瞭解女友的心。

1. 喜歡時髦妝的女人，城府不深

喜歡化流行的時髦妝的女人，她們對新鮮事物的接收能力往往是很快的，但常缺少屬於自己的獨立的個性。她們缺少必要的對未來的規劃，相對更熱衷於「今朝有酒今朝醉」。她們不知道節省，自我表現欲望強烈，希望自己能夠引起他人的注意，城府不是特別深。

2. 喜歡濃妝的女人，前衛

喜歡濃妝豔抹的人，自我表現欲望強烈，總是希望通過一種比較極端的方式，吸引他人，尤其是異性更多關注的目光。她們的思想比較前衛和開放，對一些大膽的過激行爲，常持無所謂的態度。她們爲人眞誠、熱情和坦率，雖然有時會遭到一些惡意的攻擊，但仍能夠尊重他人。

3. 喜歡自然妝的女人，單純

化看起來非常自然的妝，這一類型的人，她們多是比較傳統和保守的，思想有些單純，富有同情心和正義感。但不夠堅強，在挫折和打擊面前常會顯得比較軟弱。爲人很眞誠，從來不會懷疑他人有什麼不良動機。

4. 長期喜歡以同一模式化妝的女人，現實

從很小的時候就開始化妝，並且多年來一直保持著同樣的模式，這一類型的人多有一些懷舊情結，常會陷入到過去的某種回憶當中，享受往昔的種種，但也能很快地走出來。她們比較現實，能夠盡最大努力把握住目前所擁有的一切。她們爲人眞誠、熱情，所以人際關係不錯，有很多志同道合的朋友。她們很容易獲得滿足，但是有一點跟不上時代的潮流。

5. 喜歡長時間化妝的女人，有毅力

用很長的時間化妝，這一類型的人是完美主義者，凡事總是盡力追求達到盡善盡美。爲了實現自己的目標，可能會付出昂貴的代價，但她們並不怎樣在乎。她們多有很強的毅力。她們對自己的外表並沒有多少的自信，所以在這方面會花費大量的時間、精力甚至是財力。但由於她們過分地加以強調外在的形象，總會給人造成一種相當不自在的感覺。

6. 喜歡異國色彩妝的女人，嚮往自由

喜歡化異國色彩比較濃重的妝的女人，她們多是有比較豐富的想像力的，身體內有很多藝術的細胞，希望自己能夠成爲一個藝術家。她們嚮往自由，渴望過一種完全無拘無束的生活。她們常常會有許多獨特的讓人吃驚的想法，是個完美主義者。

7.任何時候都不忘化妝的女人，不自信

無論在什麼時候，哪怕是出門到信箱去拿一封信或是一份報紙也要化一化妝的女人，她們多對自己沒有自信，企圖借化妝來掩飾自己在某一方面的缺陷。她們善於把眞實的自己掩蔽起來。

8.化妝特別強調某一部位的女人，自信

在化妝的時候特別強調某一部位的人，她們多對自己有相當清楚的認識，知道自己的優點在哪裡，更知道自己的缺點在哪裡，尤其懂得如何揚長避短。她們多對自己充滿自信，相信經過努力一定能夠實現自己的理想。她們很現實和實際，並不是生活在虛無飄渺的幻想中的一類人。她們在爲人處世等各個方面都非常果斷，並且能保持沉著、冷靜的態度。

9.喜歡淡妝的女人，聰慧

喜歡化淡妝的女人，她們追求的目的是，看起來說得過去就可以了，並不要特別地突出自己，這一點與她們的性格是很相符的。她們的自我表現欲望並不是特別的強，有時甚至非常不願意讓他人注意到自己。這一類型的人有很多都是相當聰明和智慧的，也會獲得一定的成就。她們擁有自己的絕對隱私，並且希望能夠在這一點上，得到他人的尊重和理解。

10. 從來不化妝的女人，不膚淺

從來都不化妝的女人，更在乎的多是「清水出芙蓉，天然去雕飾」，她們追求的是一種自然美。這一類型的女人對任何事物都不局限在表層的膚淺的認識，而是更看重實質的東西。在她們心裡有非常強烈的平等觀念，並且不斷地追求和爭取平等。

5 從口紅的選擇上看人

口紅在化妝中有著非常重要的作用，這主要是針對女性而言的。有人說，有氣質的女性選擇的口紅也與眾不同。因此，從某種程度上來講，從女性選擇何種顏色的口紅，也能看出其性格特徵。

1.**選擇粉紅色口紅的人**。這種人性格內向，感情細膩，溫柔多情，富於幻想，信賴心強，任性，愛撒嬌，十分孩子氣，但很容易改變自己。平時老實規矩、不大惹人注意的此種人，一旦嘗到冒險的樂趣，就會一下子變成大膽的人。

2.**選擇紅色口紅的人**。這種人性格外向，活潑大方，開朗，對人極爲熱情，自信，有遠見卓識，獨立性強，成熟穩重，沒有自信的女性是不會搽此種顏色的口紅的。

3.**選擇橘色口紅的人**。這種人性格外向，學識淵博，凡事都力求做得最好，在她們看來，世上沒有做不到的事情。很有理智，能夠自我控制，具有優異的判斷力。多半是盡忠職守的上班族女郎。在戀愛方面，此種女性乃屬於爲男性奉獻犧牲的類型，因此，在家庭裡是個好母親、好妻子。而正因爲如此，一旦遭男性背叛，就會妒火難熄。

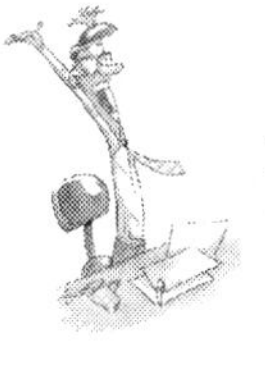

4.選擇褐色口紅的人。這種人成熟，有城府，待人親切但不深交，充滿智慧及前瞻性的眼光，但缺乏熱心，是一個博愛主義者，崇尚自由兼具理性與冷淡。喜歡此種顏色口紅的女性，多是對自己有自信感覺的人，不論在化妝上或打扮上都自有一套。對流行很敏感，是肯花時間自我磨練的人。對於金錢、戀愛，都能以冷靜的態度待之。對男性也有著敏銳的觀察，理想很高。

5.選擇紫色口紅的人。這種人自我顯示欲很強，喜歡以自我為中心，清高孤傲，讓人不容易接近，但內心充滿熱情，追求物質享受，喜歡裝扮後的自己。一般說來，此種人喜歡濃妝豔抹，不論是髮型或打扮都力求引人注意。按著自己的方式生活，不喜歡平凡的生活方式。給男性以不易靠近、不易拉攏的印象，這麼一來，反而具有受男性喜歡的不可思議的魅力和個性。

6.選擇珍珠色的人。這種人有著明確的自我主張，是富於個性且熱情的人。對於自己的欲望能直接地表現於外，希望過著自由自在、想做什麼就做什麼的生活。在戀愛方面，討厭受男性的束縛，有著期待性冒險的強烈心情。不會以一個男性對象為滿足，被年輕男性吸引的情形較多。

6 從使用的香水看人性格

現代社會中，由於日常生活中需要交際，無論男人、女人都很注重外部形象。因此，香水的使用，不只是一個女人的專利，男人也開始使用它。實驗說明，從一個人用什麼樣的香水，可以發現一個人的性格。

1.**使用香味清淡香水的人**。這種人性格比較內向，孤僻，不善與人交際，寡言少語，多愁善感，心思細膩，喜歡一成不變的生活，多半是沒有自我主張的老實人。不論對什麼事，都抱著不勉強的態度。對於他人，總是盡量配合。因此，很少有被人嫌、被人責罵的情形發生。與異性交往時，也是努力配合對方。

2.**使用香味濃烈的香水的人**。這種人個性明顯，有極強的表現欲望，非常自信，並且有著明確的自我主張。處處顯示自我。富有冒險精神，常向新事物挑戰。對流行也很敏感，多半是嫉妒心強的人。

3.**使用一流名牌香水的人**。這種人性格外向，喜歡向人展示自己的與眾不同之處，追求富有刺激的生活，討厭平凡，喜歡賣弄智慧和氣質，這種人具有精英意識，談吐和舉止也表現得很高雅。

4.使用一般香水的人。這種人性格隨和，感情豐富，對人眞誠，喜歡思考，通常是個很有思想的老實人，在哲學、宗教方面頗有研究。這種人很受同性朋友歡迎，只要有他們在場，氣氛就會很熱烈。與他們聊天總是件令人愉快的事。

5.不噴香水的人。這種人性格放蕩不羈，任意妄爲，不受人管制和束縛，是個我行我素的自然派。她們認爲只要有香皀、洗髮精的香味就夠了，是屬於乾脆、爽快的類型。此種人也不會追求少女式的夢想和浪漫，是自然主義者。有很廣的交際，是可以依賴的類型。

7 從帽子解讀人的個性

帽子不僅只有禦寒的功能，它還是一種戴著美觀，給人樹立某種形象的東西，遍佈世界各地都在生產形式各異的帽子，出入任何一家娛樂場所、大型酒樓餐館，都會看到衣帽間的牌子，這說明帽子對於一個人來說，有著很重要的用途，它可以幫人建立某種形象，使人的個性在眾人面前得以展現。

1. 愛戴禮帽的人

戴禮帽的人都自認爲自己穩重而有紳士風度。他的願望是讓人覺得他有沉穩和成熟的風格，在別人面前，他經常表現得熱愛傳統：喜歡聽古典音樂和欣賞芭蕾舞等，與流行歌曲無緣，有時他甚至站出來反對這些他自認爲是糟粕的東西，要求政府出面制止這些大逆不道的行徑。他欣賞一個男人穿西服打領帶，一個女人穿套裝旗袍，正眼也不看袒胸露背穿超短裙的女人。

他所穿的皮鞋任何時候都擦得雪亮，而且所穿的襪子也一定給人以厚實的感覺，即使是炎熱的夏季，他也討厭涼鞋和穿著拖鞋走路。由於他看不慣很多東西，所以他的心底很清高，有些自命不凡，認為自己是做大事的人，進入任何一個行業，都應該是主管級的人物。可惜他過分保守並且缺乏冒險精神，成就並不大，所做的事業也不像想像的那麼順心。

在友情上，他的朋友會覺得他保守、呆板，不容易說真心話，即使他在見面時斯文有禮，也不能加深他們之間的友誼，他和任何一個朋友之間的友誼，都不能保持應有的深度。他有時也會想到這些，並試圖努力去改變，但他天生的性格，使他難以表達自己的心思，有時反而適得其反。

2. 愛戴旅遊帽的人

這種帽子既不能禦寒也不能抵擋陽光照射，純粹是做為裝飾之用。用這種帽子來裝扮自己，以投射某種氣質或形象；或者戴上它另有企圖，用來掩飾一些他認為不理想，或者有缺陷的東西。

從這些他所表現出來的特點看，他不是一個心地誠實的人，不肯以真面目示人，是個善於投機鑽營的人，因此真正瞭解他的人少之又少，而一般所看到的只是他的表面。

由於他過度聰明，過度自以為是，在別人面前既唱黑臉又唱白臉，以為自己做得天衣無縫，其實別人早已看出他是個不可深交的人。因此他真正的朋友不多，多半是與他面和心不和的人，有時他也能看出自己的缺點，但由於他的本性所決定，他無法改變這些事實。

在事業上，這種男人也用他那套投機之術，去鑽營各種空檔，有時也會收到不錯的效果，當他黔驢技窮時，也就會被他的上司和同事看穿。

3. 愛戴鴨舌帽的人

一般有點年紀的人才戴鴨舌帽，它顯示出穩重、辦事忠實的形象。如果男人戴這類帽子，那麼他會認爲自己是個客觀的人，從不虛華，面對問題時，總能從大局著想，不會因爲一些旁枝末節而影響整個大局。

有時候他自以爲是老練的人，在與別人打交道時，就算對方胸無城府，他還是喜歡與別人兜著圈子玩，即使把對方搞得暈頭轉向，也不直接說出他的心思。

他之所以這麼做，是因爲他是個會自我保護的人，不願輕易讓別人瞭解他的內心。他不是個攻擊型的人，但是個很會保護自我的防守型的人，所以他很少傷害別人，但也不容許別人傷害他。

他是個很會聚財的人，相信艱苦創業才是人生的本色，多勞多得是他的客觀信條，他從不相信不勞而獲或少勞而獲，他認爲他所擁有的財富來之不易，所以他從不亂花一分錢。

4. 愛戴彩色帽的人

他清楚在不同的場合、不同顏色的服裝，應該佩戴不同色彩的帽子。說明他是個天生會搭配且衣著入時的人。

他喜歡彩色鮮豔的東西，對時下流行的東西非常敏感，每當城中出現新鮮玩意，他總是最先嘗試的那批人，他希望人家說他的生活過得多姿多彩，懂得享受人生，並且總是以光驅的身份走在時代前端。

同時，他也是個害怕寂寞的人，因爲他精力旺盛朝氣蓬勃，那顆不甘寂寞的心，總是使他躁動不安，他經常邀請伙伴們一起玩耍。

對於工作，他的熱情和消極是成反比例的，有時會爲他帶來一定的好運，當他熱情起來時，就像有使不完的勁，一旦無聊時，空虛感馬上襲滿他的心頭。

5. 愛戴圓頂氈帽的人

這純粹是一副老百姓的派頭，對任何事情都感興趣，但從不表達自己的看法，即使有看法也是附和別人的論點，好像這類人沒有主心骨似的。

他確實就是這類人，但他並不是沒有主張的人，他只不過是個老好人罷了，不願隨便得罪一個人，哪怕他是個最不起眼的人。

從本質上講這種男人是個忠實肯幹的人，他相信只有付出才有收穫的道理。在他平和的外表下，有自己執著的觀點，他相當痛恨不勞而獲的人，相信君子愛財取之有道，對不義之

財，他從來不讓它玷汙自己的手指。

對於做每一件事情他都會全力以赴，投入巨大的精力和熱情，對於報酬，他只拿屬於自己的那一份。他是以自己的美德贏得尊重的。

在選擇朋友方面，他表面隨和，其實頗爲挑剔，他認同「道不同不相爲謀」的方針，因此除非對方和他有類同看法和觀點，否則他是不會考慮和他深交的。

8 從穿的T恤看人

如今，T恤已經成了一種最普遍而且最受歡迎的服裝，男女老少皆宜。在過去，T恤只是用來保暖和吸汗的內衣，可是現在，它已演變成了一面「公眾告示牌」，可以任由自己在上面隨便記錄，或宣洩各種情緒和想法。所以，選擇什麼樣的T恤，可以容易看出一個人具有什麼樣的性格。

習慣於選擇沒有花樣的白色T恤的人，多有自己比較獨立的個性，他們不會輕易地向世俗潮流低頭。他們往往具有一定程度的叛逆性，但表現的形式往往不是特別的明顯和適當。

喜歡選擇沒有花樣的彩色T恤的人，自我表現欲望並不是特別的強烈，他們甚至是可以甘於平凡和普通，做一個默默無聞的人的。他們多比較內向，不太愛張揚，而且富有同情心，在自己能力許可的條件下，會去關心和幫助他人。

喜歡在T恤上印上自己名字的人，思想多是比較開放和前衛的，能夠很輕鬆地接受一些新鮮的事物，他們對一些陳舊迂腐的老觀念，多是持一種相當排斥的態度。他們的性格比較外向，喜愛結交朋友，爲人比較眞誠和熱情，所以通常會有比較不錯的人際關係。他們的自

信心還是很強的，有一定的隨機應變能力，在不同的情況下，能夠及時地做出應對策略。

喜歡穿印有各種明星的畫像，及與之有關的東西的人，多是追星族，他們對那些人有無限的崇拜，並且希望自己有朝一日能像他們一樣。他們很樂於向別人表達自己的這種心理。

喜歡在T恤衫上印有一段幽默標語的人，多具有一定的幽默感，而且很聰明和智慧。另外，他們也是具有很強的表現欲望的，希望自己能夠吸引別人的注意。

喜歡穿印有學校名稱或大企業的標誌裝飾的T恤，這一類型的人多比較希望他人知道自己的身份，並且對自己所在的單位和企業具有一定的感情。他們希望能夠以此爲主體，吸引一些志同道合的人。

喜歡穿有著名景點的風景的T恤，這一類型的人對旅遊總是情有獨鍾的。他們的性格多是外向型的，對新鮮事物的接收能力很強，而且具有一定的冒險精神。自我表現欲很強，希望把自己所知道的一切都傳達給他人。

9 從所選擇的上衣看人

人的上衣給人一種很直觀的印象。心理學家魯歇爾將人對上衣的選擇，歸結爲是人性格的呈現。因此，從一個人選擇上衣的款式、上衣的顏色，能看出其性格特徵。

1.**穿粗直條整套西裝的人**。這種人的性格有點自卑，沒有信心，頭腦單純，一旦發起火來，很難自我控制。這類人通常富有行動力，對工作抱有熱忱之心。雖然富有行動力，得意之時，他會高踞在上，失勢之時，他又畏縮不前，是一類非常麻煩的人。

2.**喜歡穿背後或兩旁開叉上衣的人**。這類人的性格是神經質，疑心重、嫉妒心強、獨占欲旺盛，喜歡裝飾外表並且好玩的典型。然而，觀其面貌又是一副誠實的模樣，通常極具僞裝性。他們大多以俠義中人自居，這類人士會對人做過多的許諾。

3.**穿舶來品上衣的人**。依賴心強。對別人的態度不溫柔，很難接近。大多都有點羅曼蒂克的氣質，通常多是溫柔善良，爲人忠厚，且具寬容的氣度。在商場上遇到這類人時，你必須對他持以誠實的態度。他讓你做的事，能夠辦到的話，你一定要立刻付之行動，讓他從實際中瞭解你，然後成爲他的朋友和合作者。有自卑感但善於奉承人。這種人對生意上的事情非常敏感。當自己處於不利地位時，會立刻尋找外援，而一旦失手，則會把過失歸於別人，對於這類人，要有警惕性。

4. **穿著花襯衣的人**，他們多是比較樸實、大方、心地善良、思想單純，又具有一定的寬容和忍耐力的人。他們爲人十分親切、隨和，做事腳踏實地，從來不會花言巧語地去欺騙和愚弄他人。他們的思想單純只是說凡事都往好的方面想，絕對不是對事物缺乏自己獨特的見解。他們具有很好的洞察力，總是能把握住事情的實質，而做出最妥善的決定和方案。

5. **穿休閒上衣的人**。這種人性格開朗熱情，比較活潑、單純而善良，坦率又豁達，對生活的態度也比較積極、樂觀向上。他們多也是比較聰明和智慧的，這些表現在外的就是有較強的幽默感。同時，他們的自我表現欲望比較強，常常會製造些意外，給人帶來耳目爲之一新的感覺，以吸引他人的目光。

6. **穿馬甲的人**。這種人的性格特徵是缺乏主動性、判斷力、羞恥之心的人。他們在色彩感覺上、在扮裝上都非常優秀；相反的，不論對什麼服裝，只要穿上馬甲都能相得益彰，展現身材的曲線美。

7. **穿夾克上衣的人**。這種人是自然樸實、自信而達觀。比較隨便，他們常常無拘無束，不拘小節。比較喜歡趕新潮、愛時髦。他們對於花樣翻新的夾克，常常是情有獨鍾。

8.穿牛仔上衣的人。這種人性格熱烈奔放，很豪放，很有個性，性格開朗對生活充滿了希望。十足的外向型，喜歡無拘無束，自由奔放，聰明伶俐。可惜他們卻常常被人誤解，認爲他們狂放不羈，不守規矩等。

10 從穿的褲子看人

以對服裝的研究而出名的約翰．摩洛曾說：「比起上班或參加宴會時的裝扮，平時和休閒時所穿的褲子，更能在不知不覺中表現出自己的個性。」

一個人所選擇的褲子，其實正是最能讓自己安心的服裝，而這也表示出一個人眞正的性格。

1.**穿休閒長褲的人**。這種人性格隨和，是容易配合、妥協的人。沒有明確的自我主張，善於自我掩飾。因爲不愛與人爭，所以朋友很多，人緣也很好。

2.**穿牛仔褲的人**。這種人思想比較前衛，追求刺激的生活，喜歡富有挑戰性的工作，一有想法就付諸於行動，是能靠著自己開創一片天空的人。精力充沛，不論在工作上或玩樂上，都是神采奕奕、幹勁十足，同時，也是喜歡做家事，能享受家事之樂的人。不過，若過於我行我素，在人際關係上可能會遭到意外的失敗。

3.**穿短褲的人**。這種人個性乾脆，不喜歡受拘束，具有童心未泯、稚氣未脫的性格，所以，一旦理想與現實差距太大，就會受到很大的傷害。不過，其天眞無邪、活潑可愛的一面，很是討人喜歡，讓人樂於接近他們。

4.穿迷你裙的人。這種人大多是一些思想比較前衛的女性，她們個性過於張揚，追求時尚，對流行很敏感，好奇心也很旺盛，喜歡到處活動，也喜歡工作，若不能如願，就會不滿足，不肯認輸，爲此，會不斷地自我期許、自我抵制。多半是「我是我」、個性很強烈的人。缺點是常會立刻下結論，有急躁的一面。

5.穿長裙的人。這種女性性格內向、孤僻，感情豐富，對自己沒有信心，特別在乎別人的感受。不管身在何處都很注重儀表的人多屬此種類型，隨時都注意周圍的人對自己的看法。不過，此種人很重視女性本色，期望過幸福家庭生活的心情，比其他人更強一倍。

6.穿迷你裝的人。這種女性性格內向，對自己有信心，很有主見，喜歡受人包圍，喜歡熱鬧的場面，富於幻想，擅長社交，在宴會上，常是眾人矚目的焦點。與誰都能坦誠相交，易受到男性的誘惑。一般說來，迷你裝乃表示對少女時代的一種留戀，越是在少女時代有著很多備受重視體驗的女性，越有喜歡穿迷你裝的傾向。正因爲如此，以寂寞和愛撒嬌的女性居多。

7.穿直筒褲的人。這種人很保守，容易受固定觀念的束縛，不會做出大膽的行動。很少主動與初見面的人交談，不具社交性，由於過於消極，在宴會上常是孤獨一人的。其實，這

種人還是挺溫和的，若能坦誠與之相交，必能得到其深厚的友情。

8. **穿運動褲的人**。這種人性格外向，熱情開朗，認眞活潑，很有個性，具有獨特的魅力，他們對自己的感覺頗有自信。常藉與眾不同的穿著來表現自己的特色。雖對流行有著高度的關心，卻不會隨波逐流。穿著上的重點爲：表現眞實的自己。

9. **穿西褲的人**。這種人有修養，有城府，有個性，獨立性較強，比較有智慧，很有自信，得體高雅。在宴會上，能配合當時的氣氛，與人侃侃而談，可說是個社交家。當氣氛過於熱烈時，他們會巧妙地把場面冷卻下來。另外，其對個人隱私很敏感，一旦涉及，就會馬上改變話題。

10. **穿喇叭褲裝的人**。這種人性格外向，比較獨立，個性開朗、活潑，對人的好惡卻很激烈。有著自己的判斷標準，凡與之投緣的，才會和其交往。這類人喜歡表現自己個性的女性。雖喜歡受人矚目，卻討厭被人指指點點。多有獨特的創意，因此，最討厭受到拘束。

11 從領帶透視人的內心

西服，自誕生那日起就成爲男人服飾中的佼佼者，而且這個地位一直到今天也沒有動搖。正式的西裝有單排扣和雙排扣區分，每一個男人都可以依據自己的喜好進行選擇，而且不用花太多的精力。但是有一件輔助飾物卻讓男人大傷腦筋，那就是領帶的打法和色彩的搭配。領帶的作用類似於女士們的絲巾，但男人的行事原則和人品秉性，卻可以完整地展現在領帶打法與顏色的搭配上。若仔細觀察周圍的男人，便不難發現他們「本色」的蛛絲馬跡！

領帶結又小又緊的人。如果有這種喜好的男人身材瘦小枯乾，則說明他們是有意憑藉小而緊的領帶結，讓自己在他人匆忙的一瞥時，顯得「高大」一些。如果他們並無體型之憂，則說明是在暗示他人最好別惹他們，他們不會容忍別人對自己有半點的輕視和怠慢。這是氣量狹小的表現，由於生活和工作中謹言慎行，疑心甚重，他們養成了孤僻的性格。他們凡事大多先想自己，熱衷於物質享受，對金錢很吝嗇，一毛不拔，結果幾乎沒有什麼人願意和他們交朋友，他們也樂於一個人守著自己的陣地，孤軍奮戰。

領帶結不大不小的人。先不考慮領帶的色彩和樣式，也不管長相和體形如何，男人配上這種領帶結，大都會容光煥發，精神抖擻。他們可以獲得心理上的鼓舞，會在交往過程中注重自己的言談舉止，所以不管本性如何，都顯得彬彬有禮，不輕舉妄動。由於認識到領帶的作用，他們在打領帶結的時候常常一絲不苟，把領帶打得恰到好處，給人以美感。他們安分守己，把大部分的精力放到工作當中，勤奮上進。

領帶結既大又鬆的人。領帶的作用是使男人更加溫文爾雅，但打這種領帶結的男人所展現的風度翩翩，決不是矯揉造作出來的，而是貨真價實，是他們豐富的感情所展露出的風采；不喜歡拘束，積極拓展自己的生活空間，主動與他人交往，練就高超的交往藝術，在社交場合深得女人的歡心和青睞。

領帶綠色、襯衫黃色的人。綠色象徵生命和活力，是點綴大自然的最美妙的色彩；金色代表收穫和金錢，是財富與權勢的徽章。這樣搭配領帶和襯衫的男人富有青春活力與朝氣，想什麼就做什麼，不喜歡拖泥帶水，對事業充滿信心，不過有時魯莽衝動，自控能力較差。

領帶深藍色、襯衫白色的人。「藍領」代表職工階層，「白領」代表管理階層，他們將兩者融合到一起，上下兼顧，少年老成，同時不乏風度翩翩；由於視野寬闊，白領的誘惑遠遠超過藍領，所以他們對薪資特別專注，事業心極重，結果在奮鬥過程中常常出現急功近利的表現。

領帶多色、襯衫淺藍色的人。五彩繽紛是人們對美好事物的形容，充滿了迷離和誘惑，普通人和勤奮的人往往對此敬而遠之，所以選擇這種領帶和襯衫的人，擁有一股市井氣，熱衷於名利；路邊的野花太多，常常使他們心猿意馬，見異思遷的他們，對愛情往往不能專心致志，追逐的目標總是換了一個又一個。

領帶黑色、襯衫白色的人，黑白分明是對閱歷豐富之人的形容，所以喜歡這種打扮的人多爲穩健老成之士。由於看得多，感悟也多，他們懂得什麼是人生的追求；善於明辨是非，相信「善有善報、惡有惡報」，正義在他們身上得到了最大的展現。

領帶黑色、襯衫灰色的人。不用看他們的表情如何，光這身打扮就讓人有種不舒服的感覺。他們在穿著之時必先照鏡子，能夠接受鏡中的壓抑則說明他們有很深的憂鬱，而這份憂鬱是氣量狹小所致，他們選擇這身打扮，正是爲了掩飾這個缺點。在工作當中，老闆考慮到其他員工的情緒，常常請他們捲舖蓋回家，所以他們經常變換工作。

領帶紅色、襯衫白色的人。紅色象徵火焰，代表奔放的熱情，更是一種積極和主動的表現，所以男人選擇紅色領帶，無異於想追逐太陽的光輝，以使自己成爲關注的焦點。他們本應該屬於充滿野心的類型，但白色代表純潔，是和平與祥和的象徵，白色襯衫讓別人對他們刮目相看，見到他們如火一樣的熱情和純潔的心靈。

領帶黃色、襯衫綠色的人。用辛勤的耕耘換取豐碩的收穫，按照理想設計生活和人生，並勇於實施，他們流露出的是詩人或藝術家的氣質。他們相信付出就會有回報，所以不會杞人憂天地擔心秋後因爲意外的暴風雨而顆粒無收；與世無爭，保持柔順的性情，對人非常和藹可親。

不會繫領帶的人。連繫領帶這種小事都要人代勞的人，大都心胸豁達而不拘小節。他們或是有某種常人沒有的絕技在身，或是先天具有領袖才能，使他們不屑將精力消耗在繫領帶這樣的細節問題上。他們性情隨和，有同情心，朋友甚多，口碑好，且夫妻情篤、家庭和睦。

12 從提包樣式認識提包的主人

提包是人們在工作、學習和生活當中非常重要的一件物品，很多時候它幾乎與人形影不離，人走到哪裡，它們也被帶到哪裡。正是因爲提包具有如此非同尋常的作用，所以，它們在一定程度上，可以向外界傳達一定的資訊，讓外界通過提包來認識提包的主人。

提包的樣式是多種多樣的，人們可以根據自己的喜好進行選擇。一般來說，選擇的提包比較大眾化的人，他們的性格也比較大眾化，或者是說沒有什麼特別鮮明的、屬於自己的個性。他們在很多時候都是隨主流，大家都這樣選擇，所以我也這樣選擇，沒有自己的主見，目光和思想比較平庸和狹窄。人生中多少有收穫，而無大的成就和發展。

選擇的提包十分有特點，甚至是達到那種讓人看一眼，就難以忘卻的程度的人，其性格可能要分兩種不同的情況來分析：一種是他們的個性的確特別強，特別突出，對任何事物都能從自己獨特的思維、視覺等各方面出發，從而做出選擇。這一類型的人，有很多具有藝術細胞，他們喜歡我行我素，不被人限制，而且他們標新立異，敢冒風險，具有一定的膽識和魄力。如果不出現什麼意外，自己又肯努力，將會在某一領域做出一定的成績。另外還有一

種人，他們並不是眞正的有什麼個性，也沒有什麼審美眼光，不過是爲了要顯示自己的與眾不同，故意做出一些與其他人迥然有異的選擇，以吸引更多的目光罷了。這一類型的人，自我表現欲望及虛榮心都比較強。

選擇的提包多是休閒式的人，可以看出他們的工作有很大的伸縮性，自由活動的空間比較大。正是由於這樣的條件，再加上先天的性格，這類人大多很會懂得享受生活。他們對生活的態度比較隨便，不會過分苛刻地要求自己。他們比較積極和樂觀，也有一定程度的進取心，能很好地安排工作、學習和生活，做到勞逸結合，在比較輕鬆愜意的氛圍裡把屬於自己的事情做好，並取得一定的成就。

選擇的提包多是公事包，這也從一個側面說明了提包主人工作的性質。他們可能是某個企事業單位的老闆，如果是普通職員，也是比較正規單位的。選擇公事包可能是出於工作的一種需要，但在其中多少也能透出一些性格的特徵。這樣的人大多辦事較小心和謹慎，他們不一定非得要不苟言笑，即使是有說有笑，對人也會相當嚴厲。當然，他們對自己的要求往往更高。

有小把手的方形或長方形的手提包，有時是一件配飾。這種手提包外形和體積都比較小，所以使用起來並不是特別的方便。喜愛此款式手提包的人，多是沒有經歷過什麼磨難的人。他們比較脆弱和不堪一擊，遇到挫折，容易妥協和退讓。

喜歡中型肩背式手提包的人，在性格上相對比較獨立，但在言行舉止等各個方面，卻是相對較傳統和保守的。他們有一定相對自由的空間，但不是特別的大，交際圈比較狹窄，朋友也不是很多。

非常小巧精緻，但不實用，裝不了什麼東西的手提包，一般來說，應該是年紀比較輕，涉世也不深，比較單純的女孩子的最好選擇。但如果已經過了這樣的年紀，步入成年，非常成熟了，還熱衷於這樣的選擇，說明這個人對生活的態度是，非常積極而又樂觀的，對未來充滿了美好的期待。

比較喜歡具有濃郁的民族風味、地方特色的小提包的人，自主意識比較強，是個個人主義者。他們個性突出，往往有著與他人截然不同的衣著打扮、思維方式等。有些時候顯得與他人格格不入，所以說，營造出比較好的人際關係存在著一定的困難。

喜歡超大型手提包的人，性格多是那種自由自在、無拘無束的，他們很容易與他人建立某種特別的關係，但是關係一旦建立以後，也會很容易就破裂，這也是由於他們的性格所決定的，因爲他們的生活態度太散漫，缺乏必要的責任感。雖然他們自己感覺無所謂，但卻並不是其他所有人都能容忍和接受的。

把手提包當成購物袋的人，多是希望尋找捷徑，在最短的時間內，以最少的精力把事情辦成的人。他們很講究做事的效率，但做起事來又比較雜亂無章，沒有一定的規則，很多時候並不能如願以償。他們的性格多半比較隨和和親切，有很好的耐性，滿足於自給自足。在他們的性格中感性的成分要比理性成分多一些，做事有些喜歡意氣用事。獨立能力比較強，不太習慣於依賴別人。

一個手提包，但有很多的口袋，可以把各種東西放到該放的適合位置。選擇這樣的手提包的人，說明他們的生活是十分有規律性的，而且能在大多數的時候，保持頭腦的清醒，不會輕易做出糊塗的事情。

喜歡金屬製手提包的人，多是比較敏感的，能夠很快跟上流行的腳步，他們對新鮮事物的接收能力是很強的。但是這一類型的人，在很多時候自己並不肯輕易地就付出，而總是希望別人能夠付出。

喜歡中性色系手提包的人，其表現欲望並不是很強烈，他們不希望被人注意，目的是減少壓力。他們凡事多持得過且過的態度，比較懶散。在對待他人方面，也喜歡保持相對中立的立場。

不習慣於帶手提包的人，其性格要分幾種情況來說，有可能是因爲他們比較懶惰，覺得帶一個包包是一種負擔，太麻煩了。還有一種可能是他們的自主意識比較強，希望獨立，而手提包會在無形當中造成一些障礙。兩種情況都是把手提包當成是一種負擔，可以顯示出這種人的責任心並不是特別的強，他們不希望對任何人任何事負責任。

喜歡男性化皮包的人（在此是針對女性而言，因爲男性本應該選擇男性化皮包），一般來說都是比較堅強、剽悍、能幹的，並且趨於外向化的。

提包裡的東西擺放得亂七八糟，沒有一點規則，要找一件東西，需要把提包內的所有東西全部倒出來，這樣的人可以看出他們的生活是雜亂無章的，奉行的是「無所謂」的隨便態度。這一類型的人做事多比較含糊，目的性不明確，但對人通常都較熱情和親切。可是由於他們的生活態度有些過分隨便和無所謂，所以常常會導致自己陷入到比較難堪的境地。和這一類型的人相識、相交都比較容易，但是分開也不難。

提包內的各種東西擺放得層次分明，想要什麼伸手就可以拿到，這說明提包的主人是一個很有原則性的人，他們多有很強的進取心，辦事認眞可靠，待人也較有禮貌。一般來說，這一類型的人有很強的自信心，且組織能力突出。但缺點是他們大多比較嚴肅、呆板，會過多地拘泥於生活中的某些細節。

13 從佩戴的項鍊看人

日常生活中，我們常常看到一些佩戴項鍊的人。這些人當中，有女性也有男性。他們在打扮上常會藉飾物來使得自己看起來更灑脫、美麗。尤其「頸部」是表現一個人自尊的部分，戴在此部位的飾物就是項鍊。亦即可從項鍊得知一個人自尊心的強度。

1. **佩戴昂貴而華麗項鍊的人**。這種人性情孤傲，過分自信，自強自立，追求獨立的生活，不屑於和任何人交往。自尊心過強，而且對男性會採取高壓的態度。

2. **選擇粗的黃金項鍊的人**。這種人性格外向，重物質享受，對金錢或物質有著強烈的欲求，不論男女，戀愛時也是會提出很高條件的人。感情的起伏很激烈，一旦自尊心受到傷害，就會轉而攻擊對方。

3. **選擇簡單的項鍊的人**。這種人感情異常豐富，心地仁慈、性格溫柔、浪漫，富有直覺性和藝術性，肯自我犧牲，但性格多變，意志也不堅定，常受旁人左右而不易做出正確的判斷。雖有很高的自尊心，卻不會將它表現於外，非常聰明，很有能力也很有自信，他們喜歡戴樣式簡單、價值昂貴的項鍊。

4. **選擇心型項鍊的人**。這種人性格溫和，比較保守，憨厚老實，不論在哪方面都不善於表現自己，戀愛時，也是屬於熱情內斂型，喜歡可信賴的異性。

5. **選擇好幾條項鍊串在一起的人**。這種人性格外向，自信樂觀，過分注重外表，追求物質生活，有強烈的金錢欲望。也有強烈的自我顯示欲，可是多半的情形是自己的魅力不受周圍人的理解，因此，處於欲求不滿的狀態中。

14 從手上的戒指分析人個性

大多數時候，一個人的雙手都暴露在外，因此，無形中洩露了個人許多的個性。而戴在手指上的飾品，更是一種向別人暴露自己個性的方式，即使不能表露自己，至少可以引人注目。身上的垂飾、手環、耳環，通常每天更換，但戒指戴的時間通常比較久，因此，戒指顯示的大多是一個人的內在，而非一時的衝動。

1. **結婚戒指**

結婚戒指愈大、愈華麗，表示他愈想向世人宣佈他的婚姻狀況。同樣地，手指上的結婚戒指戴得愈緊，表示他對這樁婚姻的忠誠度愈高。不過，如果他發現自己在玩手中的結婚戒指，讓它在手指上滑來滑去，可能不自覺中，他對自己的婚姻關係有所質疑，不知是否要繼續維繫下去。

2. **俱樂部的戒指**

戴俱樂部的戒指，表示他認同某個團體。他之所以入會是爲了讓別人對他有所印象，同時加強自己的自尊心。事實上，大多數人都不熟悉這類戒指，但這並不會阻撓他在這個社團中力爭上游。

3. 圖章戒指和家族徽章

他運用家系讓人留下深刻的印象，希望別人因注意整個家族，而忽略了其中某一成員。且不談他的現狀，他總有成疊成串的歷史來提升他的形象。他很可能誇大了他的貴族門第，但有誰會去調查呢？

4. 手工戒指

它的獨特與複雜的設計，不需炫麗的外表，就可以成爲話題。一隻這樣的戒指，反映出他的內心世界也同樣複雜。爲了讓別人認識他，他會強迫對方花更多心思看看他。他積極樹立自己的流行時尚，而且有信心成功。

5. 同時戴好幾個戒指

假使他在每一根手指頭上都戴一隻戒指，那他正深受物質、精神和美學等動機所左右；但不幸的是，他的思想價值在人群中迷失了，到最後，他不過是俗麗和刺眼的代表。雖然戴好幾個戒指的起因是猶豫不決，但這些戒指看起來實在很像一套金屬指節環。因此，他一定有個特點，那就是，相當保護自己。

6. 不戴戒指

他不喜歡雜亂或煩擾的感覺。凡是他所做的每一件事、所經手的每一樣東西，都力求自然舒適，如此才能夠自由行動、自由表達。他不搽指甲油，不喜歡化妝。他的雙手是用來工作，而不是用來做秀的。

15 從戴的手錶看人

「一寸光陰一寸金，寸金難買寸光陰。」這是在說時間的寶貴。時間在不知不覺中悄悄地流逝，不同的人對此會有不同的感覺。有的人視若無睹，而有的人卻表示深深的惋惜，然後，緊握每一分鐘去做一些有意義的事情。一個人對時間持什麼樣的看法，在一定程度上是由人的性格決定的，而時間對人具有什麼樣的影響，很多時候又通過所戴的手錶傳達出來。這兩者之間有著非同一般的關係，下面就針對這一點，進行說明和介紹。

有一種新型的電子錶，只要按一下顯示時間的鍵，就會出現紅色的數字，如果不按，則表面上一片漆黑，什麼也看不見。喜歡戴這一類型手錶的人，多是有些與眾不同的特別之處的。他們獨立意識強烈，從來不希望受到他人的約束和控制，而是自由自在、無拘無束地去做自己想做，並且也願意去做的事情。他們善於掩飾自己的眞實情感，所以一般人不能輕易走近去瞭解他們。在他人看來，他們是非常神祕的，而他們自己也非常喜歡這種神祕感，樂於讓他人對自己進行各種猜測。

喜歡液晶顯示型手錶的人，在生活中多比較節儉，知道精打細算。而且他們的思維比較單純，對簡潔方便的各種事物比較熱衷，而對於太抽象的概念則難以理解。他們在爲人處世各方面都持比較認眞的態度，不是顯得特別隨便。

喜歡戴鬧鐘型手錶的人，他們大多對自己要求比較嚴格，總是把神經綳得緊緊的，一刻也不肯放鬆。這一類型的人雖算不上傳統和保守，但他們習慣於按一定的規律和規定辦事，他們在爭取成功的過程中，任何一件事都是以相當直接而又有計劃的方式完成的。他們有責任心，有時候會刻意地培養和鍛鍊自己在這一方面的能力。除此以外，他們還有一定的組織和領導才能。

戴具有幾個時區手錶的人，他們大多是有些不現實的。他們有一定的聰明和智慧，但一切都止於想像而已，不會去付諸實踐。做事常三心二意，這山望著那山高。在一些責任面前，常以逃避的方式面對。

戴古典金錶的人，他們多是具有發展眼光和長遠打算的人，他們絕對不會爲了眼前一些即得的利益，而放棄一些更有發展前途的事業。他們心思縝密，頭腦靈活，往往有很好的預見力。他們的思想境界比較高，而且很成熟，凡事看得清楚透澈。而且有寬容力和忍耐力，又很重義氣，能夠與家人朋友同甘共苦，生死與共。他們有堅強的意志力，從來不會輕易向外界的一些困難和壓力低頭。

喜歡懷錶的人，多對時間有很好的控制能力，雖然他們每天的生活都是忙忙碌碌的，但是卻並不是時間的奴隸，而是懂得如何在有限的時間裡，放鬆自己尋找快樂。他們善於控制和把握自己，適應能力比較強，能夠很好地調整自己的心態。他們多有比較強的懷舊心理，樂於收集一些以往的東西。他們言談舉止高雅，可以顯示出一定的文化修養。他們有比較濃厚的浪漫思想，常會製造一些出人意料的驚喜。他們爲人處世有耐心，很看重人與人之間的友情。

喜歡戴上發條的錶，這一類型的人獨立意識多比較強。他們自給自足，很多事情都堅持一定要自己動手。他們樂於做那些可以立竿見影就見到成果的工作，如做某一次體力工作。他們最看重的是自己所獲得的那種成就感，但在這個過程，他們又不希望一切都是輕而易舉就獲得的，這樣反而沒有了意義和價值。他們並不希望得到他人過多的關心和寵愛。

戴錶面上沒有數字的錶，這一類型的人抽象化的理念較爲強烈，他們擅長於觀念的表達，而不希望什麼事情都說得一清二楚。他們很在意對一個人智力的鍛鍊和考驗，他們認爲把一切都說得太明白，就沒有任何意義了。他們很喜歡玩益智遊戲，而且他們本身就是相當聰明和智慧的。他們對一切實際的事物似乎並不是特別在意。

喜歡戴由設計師特別爲自己設計的手錶的人，他們多半非常在乎自己在他人心目中的形

象和地位，並且可以爲了迎合他人而改變自己。他們時常會大肆渲染誇張一些事情，以證明和表現自己，吸引他人的注意。

不戴手錶的人，大多有比較獨立自主的個性，他們不會輕易地被他人支配，而只喜歡做自己想做並且也願意去做的事情。他們的隨機應變能力比較強，能夠及時地想出應對的策略，而且非常樂於與人結識和交往。

16 從髮型判斷對方的性格

在足球場上，我們時常可以看到運動員各種各樣稀奇古怪的頭髮，並對其津津樂道。不同的髮型往往表示人的不同個性，通過仔細的觀察，我們就不難發現這一點。

男士不管是留長髮、剃光頭，或是其他各種各樣比較特別的髮型，其都有一個普遍的共同點，那就是標新立異，想別出心裁地突出自己，增加自身的魅力。

與男士相比，女士的髮型若要研究分析起來，則顯得比較複雜。

女性若留著飄逸的披肩髮，則說明她比較清純、浪漫；若留的是齊眉的短髮，則顯得天真活潑，無憂無慮；燙成滿頭捲髮，代表這個人較有青春的活力，或多或少地充滿些野性。

女性把頭髮梳得很短，並讓它保持順其自然的狀態，說明這個人比較安分守己，甚至是封閉保守的；如果她把頭髮梳理得很整齊，但並不追求某種流行的款式，則表明這可能是比較含蓄，但有較強烈的自主意識的一個人；在自己的髮型上投入很多的精力，力爭達到精益求精的程度，說明這是一個自尊心比較強，追求完美，愛挑剔的人。

頭髮像鋼絲，又粗又硬，而且還很濃密，這樣的人疑心多半比較重，不會輕而易舉地相

信別人。他們最相信的就是自己，所以凡事都要自己動手，操縱和掌握一切，才覺得放心。他們做事很有些魄力，而且組織能力也比較強，具有一定的領導才能。此類型的人，理性的成分要大大地多於感性，所以涉及感情方面的問題時，往往會顯得很笨拙。

頭髮很粗，但色澤淡，而且質地堅硬，很稀疏，這一類型的人，自我意識極強，剛愎自用，往往聽不進去別人半句話。他們不甘心被人領導，但卻渴望能夠駕馭別人。他們大多比較自私，缺乏容人的度量，但此類型的人一般來說，頭腦還算比較聰明，可是他們的目光又比較短淺和狹窄，只專注於眼前，看不到長遠的利益，所以多不會有多大的成就。

頭髮柔軟，但卻極稀疏，這一類型的人，自我表現欲望一般來說比較強，他們喜歡出風頭，更愛與人爭辯，以吸引他人的目光，獲得他人的關注。在他們的性格中，自負的成分占了很多，他們妄自尊大，很少把他人放在眼裡，盡管自己在某些方面表現得的確很糟糕。他們做事的時候，多缺少必要的思考，所以常會做出錯誤的判斷，而且還容易疏忽和健忘。

頭髮濃密粗硬，卻能自然下垂，這種人從外形上來看，多半身體比較胖，而且也顯得比較慵懶，不喜歡活動，但是他們的心思多比較縝密，往往能夠觀察到特別細微的地方。他們的感情比較豐富，易動情，對情感不專一。

下面所說的類型，大多是針對男性朋友而言：頭髮和鬍鬚連在了一起，且又濃又粗，這種類型的男性，給人的第一感覺往往是剽悍、強壯。一般來講，這些認識都是不會錯的，除此之外，他們還顯得比較魯莽，性格豪放不羈，有俠義心腸，喜歡多管閒事，好打抱不平，多不拘於小節。

頭髮稀疏，粗硬而捲曲，這一類型的人多思維比較敏捷，而且善於思考，並有很好的口才，能夠很容易地說服別人。他們的性格彈性比較大，可以說得上是能屈能伸，適應性很好。但他們的屈和伸，又是在堅守一定的原則和基礎之上進行的，所以無論外在的東西怎樣多種形式地不斷變化，其內在還有一些穩定不變的東西。

頭髮濃密柔軟，自然下垂，這一類型的人大多性格比較內向，話語不多，善於思考。從某種程度上說，他們具有很強的耐性和韌性，這一類型人所從事的事業，多是和藝術方面有關的。

頭髮自然向內捲曲，如燙過一樣，這一類型的人脾氣大多比較暴躁，而且疑心比較重，總是患得患失的在猶豫和矛盾中掙扎，除此之外，嫉妒心還很重。

髮根彎曲，髮梢平直，這一類型的人，多半自我意識比較強，厭惡被人約束和限制，不會輕易地向他人妥協。

讓自然來決定自己的髮型，並且長時間地保持，這一類型的人總是怨天尤人，但卻從來不從自己身上尋找原因，更不會付諸行動去尋求改變。他們很多時候容易向別人妥協，所以很多行動並不是眞正的發自內心自己眞實想做的。

頭髮長長的、直直的，看起來顯得非常飄逸和流暢，這種人的性格大多界於傳統與現代之間，他們既含蓄世故，又大膽前衛，只是要視情況而定。他們通常有很強的自信心，對成功的渴望很迫切。

頭髮很短，這樣看起來很簡潔，而且也極爲方便，這一類型的人，大多有勃勃的野心，他們的生活總是被各種各樣的事情占據著。他們在內心很想把這些事情做好，但實際上卻往往什麼也做不好，因爲他們缺少必要的責任心，在遭遇困難，面對挫折的時候，往往是選擇逃避。他們做事準備工作往往做得很細緻。

熱衷於波浪型燙髮的人，說明他們對流行是比較敏感的，他們大多很在乎自己外在的形象，並且知道怎樣才能使自己的外在形象達到最佳的效果。他們比較現實，在絕大多數時候，能夠根據客觀實際來協調和改變自己。他們能夠把握自己的命運，無論是對任何一件事情，都會積極主導著自己的生活，使之達到符合自己的要求。

喜歡蓬鬆及前端梳得很高的髮型，這一類型的人比較保守，而且還有點固執或者也可以說是執著。他們喜歡上了一件東西，認定了某一件事物，在絕大多數的情況下，不會輕易地改變自己的想法及觀念。

故意把髮型弄得很怪，這一類型的人，表現欲望很強烈，他們希望自己能夠吸引更多的目光，他們經常不考慮他人的心情和感受，有什麼話就說什麼話。他們對任何一件事情都有自己獨特的見解和認識，並且會始終堅持著自己的立場，他們很有一股魄力，敢於同權勢對抗，不屈不撓。雖然這些人的行爲有時顯得讓人有些難以接受，但卻有不少人尊敬他們。

喜歡平頭的人，大多男子漢的味道更濃一些，他們討厭娘娘腔十足的人，而對很有硬氣的人十分有好感。他們自己本身看似缺乏溫柔，但實際上也有溫柔的一面，他們的思想，從一定程度上來說還是相對比較保守和傳統的，他們也很在乎自己在他人面前的表現。

喜歡剃光頭的人，多是努力在營造一種能夠讓人產生誤解的想法，這樣很容易給人一種神祕感，讓人猜不透他們心裡在想些什麼。

喜歡頭髮左邊分的人，這種人性情溫和，天生具有貴族氣質，爲人慷慨大方，友善待人，打扮得體，言行高雅，個性樂觀活潑，但過度崇尚自由，喜歡刺激，用情不專，缺乏耐性。但很有理性，很有順應力，是能在受局限的空間中發揮自我的人。這種人在組織之中很能擴張自己的實力，並以此確定自己的資格。

喜歡頭髮右邊分的人，這種人屬於幻想家型，很有創意。隨時隨地都在搜集新事物，有

遠見也有極佳的靈感。不喜歡被局限在固定的框框內，感受性很敏銳。勇氣和信心，可以抵消突然的變化。比較傾向情緒性的判斷。

17 從所穿的鞋子觀察對方

鞋子，並不是像我們所想像的那樣，單純地只有保護腳的作用，這只是一方面。在觀察他人的鞋子的時候，我們除了注意其美觀大方外，還可以通過它，對一個人進行性格的觀察。

始終穿著自己最喜愛的一款鞋子，這一雙穿壞了，會再去買另外一雙，這樣的人思想多是相當獨立的。他們知道自己喜歡什麼，不喜歡什麼，他們很重視自己的感覺，而不會過多地在意他人怎樣看。他們做事是比較小心和謹慎的，在經過仔細認真的思考以後，要就不做，要做就會全身心地投入，把它做得很好。他們很重視感情，對自己的親人、朋友、愛人的感情都是相當忠誠的，不會輕易背叛。

喜歡穿沒有鞋帶的鞋子的人，並沒有多少特別之處，穿著打扮和思想意識都和絕大多數人差不多。但他們很傳統和保守，中規中矩，追求整潔，表現欲望不強。

穿細高跟鞋，腳在一定程度上是要受些折磨的，但愛美的女性是不會在意這些的。這樣的女性，表現欲望是很強的，他們希望能引起他人，尤其是異性的注意。

喜歡追著流行走，穿時髦鞋子的人，有一種觀念，那就是只要是流行的，就全部是好的，但沒有考慮到自身的條件是否與流行相符合，有點不切合實際。這種人做事時常缺少周全的考慮，所以會顧此失彼。他們對新鮮事物的接受能力比較強，表現欲望和虛榮心也強。

喜歡穿運動鞋，說明這是一個對生活持相對積極樂觀態度的人，他們爲人較親切和自然，生活規律性不強，比較隨便。

喜歡穿靴子的人，自信心並不是特別強，而靴子卻在一定程度上能爲他們帶來一些自信。另外，他們很有安全意識，懂得在適當的場合和時機將自己很好地掩蔽起來。

喜歡穿拖鞋的人，是輕鬆隨意型人的最佳代表，他們只追求自己的感覺和感受，並不會爲了別人而輕易地改變自己。他們很會享受生活，絕對不會苛刻自己。

熱衷於遠足靴的人，在工作上投入的時間和精力相對要多一些，他們有很強烈的危機感，並且時刻做好了準備，準備迎接一些可能突然發生的事情。他們有相對較強的挑戰性和創新意識，敢於冒險，向自己不熟悉的未知領域挺進，並且有較強的自信，相信自己能夠成功。

喜歡穿露出腳趾的鞋子，這樣的人多是外向型的人，而且思想意識比較先進和前衛，渾身上下充滿了朝氣和自由的味道。他們很樂於與人結交，並且能做到拿得起放得下，較灑脫。

喜歡穿繫鞋帶的鞋子的人，性格多是比較矛盾的，他們希望能有人來安排他們的生活，但對於安排好的一切卻又總想反抗。爲了化解這種矛盾，他們多是在尊重他人爲自己所做的安排的同時，又尋找自由的空間，以發展自己，釋放自己。

根據生活細節識別對方

PART 3

著名牧師華理克說：
「性格其實就是習慣的總和，是你習慣性的表現。」
生活習慣不僅透露出一個人的性格，
還可反映人的潛意識，反映人潛在的願望。
所以，從生活習慣觀察人，是掌握人內心活動的捷徑。

1 從日常生活細節識別對方性格

心理學家萊恩德曾說過這樣的話，他說：「人們日常做出的各種習慣行爲，實際反映了客觀情況，與他們的性格間的一種特殊的對應變化關係。」

我們在日常生活中，自然而然地會產生，並形成一些具有某種特定意義的小動作。因爲這是在自然而然當中不自覺地形成的，具有很強的穩定性，所以很難在輕易之中一下子就改正過來。改正不過來，就隨身攜帶，這就爲我們通過這些小動作去觀察、瞭解和認識一個人提供了一些方便。

兩腳自然站立，兩手插在衣服口袋裡，並不時地伸出手來然後又插進去，這種人的性格多是比較小心和謹愼的，凡事想的要比做的多，但由於想的太多，瞻前顧後，行動起來往往畏首畏尾，反而不能大刀闊斧，所以最後的結果反倒多半不會讓人太滿意。在工作、學習和生活當中，這樣的人大多缺少靈活性，爲了避免風險，多用一些老套的方法去解決問題。這樣的人害怕失敗，是因爲他們沒有承受失敗的良好心理素質，在挫折、打擊和困難面前，他們常常是灰心喪氣、怨天尤人，而不從自己身上尋找原因。

兩腳併攏或是自然直立，把雙手背在背後，這是一種充分表現出自信心理的姿態。習慣於做這種動作的人，一般來說都具有某一特定的自我優越感，更準確地說是具有一定的社會地位和知識水準，能夠擔當起領導別人的責任而不是被人領導。他們多會和別人把關係處得很融洽，這可能是出於維護自己現有的一切的一種需要。

在很多時候，除了用語言以外，我們還習慣於用「搖頭」和「點頭」，來表示自己對某一事物的看法，是肯定還是否定。經常習慣於做這樣動作的人，雖然很會表現自己，卻也很容易引起別人的反感，產生不愉快的情緒，因爲這種表示有些時候會被人誤以爲你是沒有眞正地用心去聽他人的談話，而採用的敷衍的方法，所以需要注意。一般來說，經常搖頭或是點頭的人，他們的自我意識都是很強的。某一件事情，一旦打算要做，就會非常積極地投入其中，並盡最大的努力把它朝成功的那一方面促進。

忘記一件事，冥思苦想也沒有一點頭緒，但在突然的一個瞬間，想起來了，很多人會拍一下腦袋，叫一聲「想起來了」。還有，對於某一個問題陷入困境當中，想不到好的解決辦法，在突然之間有了靈感，也會做拍腦袋的動作。再有就是做錯了某一件事以後，有所醒悟，並對此表示非常後悔，也多會這樣做。雖然同樣是拍打腦袋，但部位卻有不同，有的是拍打後腦勺，有的是拍打前額。拍打後腦勺多是處於思考狀態，這種動作的最大目的，就是

爲了放鬆自己，以想到更好的應對辦法，而拍打前額，則多表示事情不管是好還是壞，至少已經有了一個結果。

有些人心裡想的、嘴上說的、手上做的經常會很不一致，比如對於某一件東西，其實他是十分想得到的，但當別人想給予他時，他卻進行拒絕。嘴巴拒絕著，但手卻在底下接受了。這種人多比較圓滑和世故，並且能非常老練而又聰明地處理各種人際關係，使自己與他人保持和睦。他們不在迫不得已的時候，是不會輕易地得罪人的，即使得罪了，也會想辦法地彌補，使其有挽回的餘地。

經常觸摸自己頭髮的人，其個性多是十分鮮明而又突出的，他們是非善惡總是分得特別清楚，並且不肯有一點遷就和馬虎。他們具有一定的膽識和魄力，喜歡標新立異，去做一些比較刺激、別人不敢做的冒險的事。這種人會不時地取笑和捉弄他人一番。應該承認，他們當中有一些人的文化素質和修養並不是特別高，但並不是絕對和全部的人都這樣。他們一般來講都有比較良好和穩定的人際關係，爲人處世比較慷慨和大方，不會太斤斤計較，所以很容易贏得人心。這種人多比較有心，能夠通過生活中的某一個細節，來尋找和製造機會以發展和完善自己。

喜歡用腿或腳尖使整個腿部抖動，有時還用腳尖或者以腳掌拍打地面，這樣的人多很懂

得自我欣賞，有一些自戀情結。但他們比較封閉和保守，在與人交往中會有所保留，並且不太容易與他人建立良好的關係。

在與人交談的時候，幾乎總是伴隨著一些手勢和動作，以對所說的話起解釋、強調和說明、補充的作用，如攤開兩手、拍打手心等。這樣的人，一般來說自信心都很強，具有果斷的決策力，凡事說做就做，有一股雷厲風行的灑脫勁，很有氣勢。他們多屬於比較外向型的人，在什麼時候都極力想把自己打造成爲一個核心人物。

在抽菸的時候喜歡吐菸圈的人，一個比較突出的特點就是占有和支配欲比較強，凡事喜歡我行我素，不被管制。他們大多性格比較外向，愛與人交往，並且夠仗義和慷慨，凡事不會太計較，只要能說得過去就可以了。所以這樣的人多易得人心，在他周圍總是圍繞著一些人。抽菸時愛吐菸圈，其性格在整體上大致如此，另外還可能通過他吐菸圈的形狀看出其對某一事物狀況的態度，是積極的還是消極的。如果菸圈是朝上吐的，說明他的態度是積極的，充滿了自信，反之，如果是向下吐的，是表示態度比較消極，沒有多大的自信。

攤開雙手，這在很多時候是表示很無奈、很爲難的一種動作，它意在告訴對方，「我也沒有辦法，你讓我怎麼辦呢」的意思，同時可能還伴有聳肩的姿勢，這從某一個側面說明這是一個比較眞誠、坦率的人，當自己無能爲力的時候，可以直言相告，而不是虛僞地掩飾。

雙手叉腰，這多半是在非常氣憤的時候所表現出來的一種動作，有時也可以是自己做為一個旁觀者，觀察某一件事或某一個人，含有一定要看個結果的心理。這種人的性格中多含有比較執著的一面，凡事追求完整和清楚，而不會在沒有完全解決，或弄清楚的時候就半途放棄。

當一個人用手摸後頸時，在很多時候是出現了懊惱、悔恨或是害羞的心理情緒，這種人的性格多是比較內向的，遇到某些事情時，常會以一些動作來掩飾自己的情緒。

在與人交談交往中，自然地解開外衣的紐扣，或者乾脆把外衣脫掉，從這個動作就可以看出，這個人在很多時候是非常眞誠和友善的，說明他對交談、交往的對象並沒有持太多虛僞客套的禮節，因爲在一定的場合，這樣的動作很可能會被誤以爲是對對方不尊重、不禮貌的行爲，而他沒有過多地注重這些，顯然是並沒有把對方當做是外人。至於那些一下子把鈕釦扣上，一會兒又解開的人，給人的感覺似乎就不太舒服。而這樣的人又多較意志不堅定，做事猶猶豫豫，遲疑不決，缺少果斷的作風。

2 通過生活瑣事看人

生活中總是存在著這樣那樣種類繁多的雜事，它們有時候會給人帶來許多的煩惱，甚至破壞人與人之間的感情，但這是生活中不可避免的。當然我們還可以通過瑣事看清一個人。

喜歡打掃房間的人，希望自己的生活每一天都過得充實、有意義。他們對自己的要求往往非常嚴格，絕對不容許自己放縱或偷懶，他們的生活節奏相當快，一件事緊接著一件，似乎永遠也沒有做完的時候，但他們又能把這一切安排得恰到好處，而不至於顯得混亂不堪。

喜歡打電話的人多是性格比較外向，健談、樂於與人交往的。他們做事比較乾脆和俐落，不會占用做其他事情的時間和精力，來做這一件事情。這一類型的人，往往智慧不足，他們時常需要他人幫自己出出主意。在面對一些比較重大的事情時，非常希望得到他人的鼓勵和支援，才有勇氣做出決定。

喜愛閱讀的人，多比較認眞和仔細，一件事情，決定要做，就會集中精力、專心致志地把它做好。他們很有組織紀律觀念，對一些紀律要求，會主動認眞地遵守。隨機應變能力比較強，一件事情，可能在做的過程中，會出現一些不盡如人意的地方，但最後還是會順利地

完成。

喜歡吃零食的人，多意志不堅定，時常進行自我妥協，並且不斷地找理由和藉口安慰自己。

喜歡睡覺的人，從某種程度上講比較軟弱，缺乏積極主動性，不想通過先改變自己，然後再改變自己所處的境況，而是把希望寄託在外界，只有在外界環境改變以後，自己才能尋求改變。他們非常善於尋找理由和藉口爲自己開脫，以推卸責任。

喜歡看電視的人，多是比較不切合實際、富於幻想的人，他們的絕大多數時間都是在白日夢中度過的，總是有著各種各式的美好的想像，但卻不肯付諸行動去實現。

什麼事都要做，整天忙得團團轉的人，他們的心思多較縝密，常會觀察到他人忽略的細節。他們對他人並不會輕易相信，什麼事情，只有自己親自做了，才會覺得放心，所以他們會成爲許多人依賴的對象。他們有很強的責任心，總是爲他人操心而忽略了自己。

3 從擠牙膏的習慣看人

人性格的外露，表現在生活中的各方面，只要你認眞、細心地觀察，就會發現這其中的許多奧妙。

人每天都要刷牙，既然是刷牙，就要擠牙膏，這是一件多麼微小的事情，簡直不值得一提，可是這其中卻也有一定的學問。心理學家發現，通過擠牙膏，也可以觀察出一個人的性格。

把牙膏蓋弄得不知去向，這種行爲並不是我們通常所認爲的這個人太粗心大意了。相反，這表明了這種人有很強的進取心，還有一定的膽識和魄力。在面臨比較重大的事情時，一般不會臨陣退縮、做逃兵。

使用牙膏時小心翼翼，輕輕地擠壓，這種人的感情多比較豐富和細膩，溫柔隨和，比較浪漫，不輕易發怒，能體諒和寬容別人。但做爲長輩，多會對小輩表現得過分溺愛。

用牙膏時一次擠很多，這種人多大手大腳，在各方面一點也不懂得節儉。

用牙膏很節省的人在生活中知道節儉，但有些保守，中規中矩，顯得死板，缺乏生機。

除此以外，這種人多比較理智，不會有過激行爲。

4 從刷牙的方式看性格

一個人刷牙的模樣和方式，通常是由父母教導的。因此，在刷牙時所做出的許多無意識的動作正反映出他的人生態度。

1. 上下刷

這表示，他有很好的自我形象，而且保有幼年時代學到的許多積極的價值觀，和道德觀。事實上，他和父母之間的良好關係，成爲他個人和工作上成功的主因。他擅長以一種非常不受限制的樂觀態度，去從事例行工作。在別人眼裡，他是一位可以信賴、友善、快活的人，沒有什麼心機。

2. 左右刷

他早就知道這樣刷是錯誤的。那爲什麼有人要用錯誤的方法刷牙呢？可能是因爲這些人在成長過程中，曾和父母親有過嚴重的衝突。問題出在他目前仍在叛逆期，他總是唱反調，別人也發現他喜歡爭辯，尤其愛爭些雞毛蒜皮的瑣事。

3. 只在早上刷牙

他很在意自己留給他人的印象，而且可能非常努力地依照別人的期望在過日子。大體說來，他十分講究穿著，很懂得修飾自己，總是把最好的一面呈現在別人面前。每天早晨以活力充沛的嶄新心情面對一切，是他心目中不可或缺的一部分。不過在潛意識裡，他正設法把前一晚的自己清洗乾淨。

4.只在晚上刷牙

如果他只在晚上刷牙，那他只在乎一件事情：不要蛀牙。他是個從來不說廢話的人，喜歡以最少的精力來完成一件事，事情不必做得很完美，只要差不多即可。他通常說話算話，不多說，也不少說。

5.每日刷牙超過三次

這樣的行爲是被迫的，因爲長期缺乏安全感，就連最簡單的工作，他也要一而再、再而三地檢查。每次外出赴約前，他可能花上三個小時梳妝打扮，卻仍舊認爲自己不夠好看。同一件事情，他一次又一次地請求別人幫他出主意，許多朋友都快被他逼瘋了。

6.使用硬毛牙刷

使用一支會使他出血的牙刷，透露出他有一種需要接受懲罰的基本需求。基本上他相信，所有值得的事物，都必須付出痛苦和犧牲才能得到。甚至去看牙醫時，他也請醫師不要使用痲醉劑，因爲他想證明自己可以忍受拔牙的痛楚。

7. 用太多牙膏

「浪費」，是他存在的主要目的。由於心中強烈的不安全感，他有捨棄一切的傾向，而且，他所謂的「足夠」是永遠都不夠。他極度揮霍，爲的是讓自己體會到幸福的感受。他所過的生活遠超過他財力所能負擔的限度。對他而言，這些都無所謂，只要每個月信用卡的帳單能夠付清就行了。

8. 用太少牙膏

沒有人會責怪他揮霍無度。他很節儉，找到廉價、特價商品是他畢生最大的興趣。他討厭丟掉任何東西，所以他在褲子上貼補丁，補鞋跟，重新整修家具，把所有東西都做了最有效益的使用。

9. 牙膏用到牙膏管都捲了起來

他緊緊把握生命中的一點一滴，不單是牙膏而已。他是個吹毛求疵的人，一本正經，規規矩矩。他習慣把盤中最後一口食物吃完，不浪費任何一點，即使剩下，也會用塑膠袋保存好。他製造的垃圾很少，只要想到要丟東西，就令他惶恐不安。

10. 從牙膏管中間擠牙膏

他只關心眼前，不重視未來，是個及時行樂的人。他沒有銀行帳戶，如果有也只是一點股票、債券，或其他長期投資。在性愛方面，即刻的滿足，通常是他建立長久關係的基礎。

5 從睡床看人

人的一生有三分之一的時間，都在床上度過，在床上睡覺、作夢，或只是躲在被子下。床是與人們分享最親密想法和經驗的地方。由於一張床要能夠實觀上述的目的，所以，這張床必須是安全和舒適的，它能夠反映出床主人的特性。

1. 單人床

睡單人床，表示從小到大的教育方式對他的道德觀影響深遠，而且他對自己的社交關係限制得十分嚴格。他是一個保守主義者，結婚之前，不會和別人分享自己的床。

2. 四分之三的床

比單人床大一點兒，但比雙人床小一點兒。只要和某人同床共枕，他喜歡和對方很親近、很溫暖地窩在一起。他可能沒有伴侶，不過這段時間不會太長。他還沒準備好對某人做完全的承諾，不過，他已經準備好付出百分之七十五了。

3. 特大號床

他需要有自己的空間，而且這空間要很大。他需要玩耍的空間、逃避的空間。他不計代

價避開被囚禁的感覺，爲的是維持自己對自由和獨立的渴求。特大號床表示，只要他想和他的同伴保持距離，隨時都能做到。

4. 圓床

他不曉得哪一頭是床頭，其實，他也不在乎，因爲這樣，生活才更有意思。既定的規則無法局限他，他喜歡把自己的床當做整個宇宙。

5. 折疊床

他可能還沒想到，但他對已經壓抑多年的性欲，有著深切的罪惡感。他能夠放縱自己，然後再否認自己曾有過的那番經驗。每當他把床折成椅子形狀時，他所關心的只有事業，他把自己的感情和床墊一塊隱藏起來。這樣的行爲，可能會令那些剛和他共度良宵的異性驚惶失措。

6. 日式墊子

讓自己睡在地板上，這種來自東方半斯巴達式的地板墊子，有股自律的意味。它們就像地板一樣硬邦邦，而這點正合人意，因爲他從來沒打算讓自己舒適自在。

7. 鏡子床

實際上他不太信任自己的情感，經常跳出來，彷佛在一旁觀察自己。有了床上方的鏡子，他才能夠讓自己相信一切眞眞實實地存在。

8. **水床**

這個人很善變，是個眞正明白該如何「順應潮流」的人。他可以把過去的經驗完全融合在一起，使自己成爲一個極度性感、令人滿意的伴侶。做愛時，他相當投入，達到忘我的境界，他忘了時間、忘了地點，完全沉溺在一波又一波的愉悅和溫暖中。

9. **銅床**

床就是他的城堡。四周有精巧的金屬架，四角有四根尖尖的柱子。他覺得自己十分容易受傷，甚至在睡覺時，也需要保護，才不會受到別人的攻擊。企圖卸下這種防禦心的人，由於無法攻破周身這道堅實的堡壘，而備感挫折。

10. **自動調整床**

只要輕按一下按鈕，就可以抬高或放低頭和腳，而且可以調整出上千種位置。他是個完美主義者，無論花多少成本，費多少心力。他爲人嚴苛，難以取悅，刻意塑造環境迎合自己的需求和想法，而且堅持到底，別無選擇。他不去順應別人，但別人必須適應他。

11. **早晨整理床鋪**

如果他通常在早晨下床後，就把自己的床鋪整理好，那他是個愛整潔、擅長打扮自己的

人。不過，如果他每天早上都一定要把床鋪整理得漂漂亮亮，那就是有潔癖。他會把浴室的每一條毛巾都疊得整整齊齊，家中每一個角落都打掃得一塵不染，而且沙發上還蓋了一層塑膠套子。別人到家裡來，根本無法放鬆心情，因爲他無時無刻不在找尋掉落的塵屑。

12. 早晨不整理床鋪

不曾有過一位像嚴格的長官一樣巡視你床鋪的母親，也不曾遇見一位像母親一樣檢查床鋪的嚴格長官。他自以爲對人生的態度是如何的超然，其實，這一切反映在現實的生活裡，不過顯示出他是一個既懶惰又無紀律的人罷了。他的床變得邋遢透頂，邋遢到沒有人願意睡在上面。

6 從個人嗜好識別對方

其實每個人都是有一些自己所喜愛的嗜好的，只不過有些時候，由於工作、學習太忙了，忙得沒有一點時間來做自己喜歡的事情，所以漸漸地把它忽略了。嗜好不同於一般的工作和學習，工作和學習在很多時候都是具有一定的目的性的，爲了某一目的而做，甚至是做也得做，不做也得做，這就顯得非常被動。可是嗜好不一樣，嗜好完全是自己喜歡、感興趣的，做它是爲了愉悅自己。有什麼樣的嗜好，這往往要根據一個人的性格而定，所以通過它來觀察一個人實在是最好不過的了。

喜歡表演的人，首先他們的性格中情感是相當細膩的，希望能夠嘗試不同的角色，體驗不同的生活。除此之外，他們的想像力還應該特別的豐富，這樣他們才能把不同的角色揣摩透澈，表演逼眞。情感敏銳、細膩，這都是喜歡表演的人的性格特徵，但是這一類型的人，他們有些富於幻想而不切合實際。

喜歡木工製品的人，他們的動手能力都是比較強的，凡事都希望能夠自己解決，而不依賴別人。他們的自尊心比較強，總是靠別人，會使他們的自尊心受到傷害。他們多懷有強烈

的自信，堅信自己的成功。他們對於新事物的接收能力比較快，敢於冒險，進行探索和嘗試。

喜歡釣魚的人，做事的時候對於過程的重視程度，往往要多於結果。他們在做的過程中，能夠體會到很多的快樂和自我價值的一種肯定，但是對於結果的成敗，則顯得有些無所謂。他們信奉的人生信條就是，努力做了就無愧於心。他們在平時顯得比較散漫，看樣子有些不在狀況內，但一旦有事情發生，他們往往能夠以最快的速度調整自己，積極地投入其中，他們多半有很強的耐性。

喜歡手工藝品和刺繡的人，多是熱情而富有愛心的，他們有很強烈的責任感，能夠對每一個人每一件事情負責。他們的生活態度是積極樂觀的，但並不會放縱自己。他們什麼時候都知道什麼是自己應該做的，什麼是自己不應該做的。他們的自信心很強，經常會爲自己所取得的成就而暗自陶醉，從中獲得一種滿足感和成就感。

喜歡搜集錢幣的人，其性格相對來說是比較保守和傳統的，不太敢於冒風險，對於接收新鮮的事物的能力比較差。他們大多具有很強烈的責任心，尤其是對於自己的子女更是疼愛有加。這一類型的人做事有始有終，比較追求完美，從來不會半途放棄，他們對結果的重視程度，往往要大於過程。

喜歡搜集一些亂七八糟的東西，如啤酒瓶子，沒用的盤子等，占據一定空間的東西的人，多是進取心比較強烈的，他們在大多數時候都顯得相當忙碌，好像總有許多做不完的事情。他們的懷舊情結比較濃厚，從這一點可以看出他們是很重感情的人。他們不會過分地放縱自己，而且很懂得節儉，欲望心不是特別強烈，在很多時候比較容易滿足現狀，有很強的自信心，會爲自己所取得的成就而感到驕傲和自豪。

喜歡園藝的人，凡事都追求一個循序漸進的過程，然後讓其自然而然，水到渠成。他們有一定的責任感，能對某個人、某件事情負責。他們自己心裡會時常有一些欲望，爲了使這種欲望變成現實，他們會很努力地工作，然後在付出得到回報以後，好好地享受自己勞動的成果。

喜歡美食烹飪的人，多是不甘於平庸和寂寞的人，他們總是要想辦法地使自己的生活中多些激情和色彩。他們有很好的創造力和想像力，並且總會給親人和朋友製造一些意外的小驚喜。他們總是有著很高的目標和理想，並會爲此而不斷地追求、前進。

喜歡做高危活動，比如滑翔、跳傘、登山等，若想從事這些活動，一個首要的要求就是必須得身體好。這樣的人雖然在外表上看起來很健壯，但他們的心思卻是非常縝密的，他們做事情總是非常小心，一件事情前前後後總是把可能出現的問題，全部仔細考慮清楚以後，

才行動，他們對「三思而後行」這一句話，往往有比他人更加深刻的理解。他們的性格是比較堅強和固執的，一件事情一旦決定要做，就不會輕易地改變，其中無論遭遇到多大的困難，他們也都能扛得住。他們很有膽識和魄力，敢於向一些未知的領域進行挑戰。

喜歡打獵的人，性格多是比較粗獷和豪爽的，很講義氣，凡事不會和人太計較。他們深知社會之現實，優勝劣汰，適者生存，所以會努力使自己成爲一個強者，因爲只有這樣才能更好地生存下去，他們有一定的勇氣和膽識，很多事情都是敢做敢當，可稱得上是一個頂天立地的人。

喜歡下棋、玩紙牌的人，可能在身體上不那麼強壯，但在智力上他們往往要勝人一籌。他們常把自己的聰明才智發揮得淋漓盡致，從而把對手逼得走投無路。在這個過程中，他們會獲得很大的滿足。喜歡下棋、玩紙牌的人，其邏輯思維和分析思考能力，都是相當強的。他們常常能夠以比其他人相對更集中的精力，投入到某件事情當中，所以他們做事成功的幾率會比較大。

喜歡飛機模型的人，其自我意識並不強烈，他們與喜歡不受人約束和限制、自由自在的人正好相反，他們往往更樂於聽命於他人的領導和安排，這樣他們就不會感到無所適從。他們缺少必要的冒險精神，凡事把安全保險放在第一位。在遇到困難的時候，他們的情緒往往

會顯得相當暴躁，這時候，只有出現一個領導者，指導著他們去做什麼，怎樣做，他們才會逐漸地穩定下來。

喜歡樂器的人，多是感性成分比較多的人，他們的敏感度是非常高的，總是能夠在不經意間捕捉到一些好的壞的感覺，這爲他們帶來快樂的同時也帶來了苦惱。他們的性格並不是特別的堅強，反而相對比較脆弱，有的簡直是不堪一擊。他們希望得到別人的關心和愛護，但卻並不一定能夠去關心和愛護他人。

喜歡抽象畫的人，他們的表現欲是相對比較強的，他們希望能夠有更多的人注意到自己。另外，他們的自我意識比較濃，並不是十分在乎他人對自己的看法，而喜歡我行我素。他們的行爲在很多時候是相當古怪的，他們做事喜歡爲自己著想，而很少考慮其他人的意見和感覺。他們是相對獨立的，而且任性固執，只願意自己訂規矩，自己遵守，而不願意遵守他人制定好的規章制度。

喜歡閱讀的人，多是有很強的創造力和想像力，有自己的想法的。他們興趣廣泛，往往能夠超越自己的經驗，來計畫某一件事情，擴展自己的生活領域。

喜愛集郵的人，善於自我調節來平復自己的情緒。在發生一件事情，使他們的心情很不平靜的時候，他們總是能夠進行自我開導，而將其先放在一旁，然後等平復以後，再來處

理。他們多是很愛面子的人，很多時候，不知道怎樣拒絕別人，所以會無端地增加許多煩惱。

喜歡旅行的人，多屬於外向型，他們的好奇心往往很強烈，而且好動，他們需要一些富於變化、帶有刺激性的東西來滿足自己。這一類型的人，通常會有比較好的人際關係。

喜歡寫作的人，他們的思考能力是很強的，爲人較小心和謹慎，喜歡把自己的想法寫出來，這樣可以更方便把自己的思路理清，他們很有自己獨特的見解和想法。

7 從打火機使用習慣看人

1. 拋棄式打火機

如果他使用燃料用完就可以丟棄的瓦斯打火機，那他的生命中充滿了各式各樣的變化。他的人際關係得以持久的少之又少，因爲他討厭需要時時留意照顧某人或某事。拋棄式打火機容易操作，既方便又實用，就像他每處只做一場秀的個性。

2. 銀製或金製打火機

他的個性和使用拋棄式打火機的人正好相反。丟東西或拋棄某人，對他而言實在是件難事，甚至使用期限已過了許久，他還是捨不得丟棄。雖然他喜歡沉浸在古董和有價值的藝術品中，但他心中大部分的愛卻保留給散置在身旁的小飾品。他堅持留在某一個地方，在那裡紮下穩固的根，對朋友和同事都有很深厚的感情。

3. 電子打火機

擁有這麼一個打火機表示他爲人深思熟慮、做事有效率。他堅持花最少力氣完成別人交代的工作。爲了省事，他會用電動牙刷、電動擦鞋機、電動開罐器等。

4.玩打火機的開關

他已經點完菸了，可是還繼續把玩打火機的開關。這是一種內心焦慮的跡象。當然，這也是為何他總是在場第一個抽菸的人。他的內心充滿焦慮，表現在外變成了情緒緊張，給人一種元氣耗散的印象。再者，這樣做可以讓情緒得到適當的發洩。不過，輕輕地玩打火機的開關，總比讓臉部不斷抽搐好。

5.打小火

一頓飯可以讓他撐過一個星期，因為他可以靠最寒酸的剩飯、剩菜過活。他這麼做不但得不到親戚們的贊同，而且他那些沒花掉的財產還可能由親戚們繼承。

6.點大火

他所做的每一件事都毫無節制而且超支。他戴高價位的珠寶、開大型豪華汽車，花錢方式好像沒有明天。這就是為何他把信用額度用完、拿著首飾上當鋪的原因。當然，他不在乎。他因慷慨大方而受人喜愛，通常也因此無往不利。只是他常在幫人點菸時，不小心燒到別人的鼻子。

7.令人印象深刻的火柴

當他在幫人點菸時，一定會讓對方注意到火柴盒上時髦夜總會或餐廳的名字。當然，他是在創造一種重要的社會形象，因此，他的打扮毫無瑕疵，穿的絕對是設計師設計的衣服。然而，事實眞相是，他可能付不起這些時髦的行頭，而且上俱樂部經常只點一杯蘇打，卻乘機拿一大把火柴盒。

8. 一根火柴點兩根煙

他是一個大男子主義或女強人，總是點兩根菸，然後滿不在乎地把其中一根交給另一個人，也不管對方是否抽菸。這種做法顯示他擁有高超的社交技巧，而且能夠沉靜而有效率地運用這些技巧。替別人做些小事，使他覺得對方需要他。當然，他只要看到別人開始爲自己做事，他就會有點緊張。

8 從隨手塗寫識別對方

或許我們每個人都有這樣的經歷：在工作無聊時在一張紙，或是其他的什麼東西上隨便地塗塗寫寫。有心理學家指出，這種無意識的亂塗亂寫，往往能顯示出一個人的性格來。因爲人內心的眞實感覺，正是通過塗寫這個過程顯露出來的。

喜歡畫三角形的人，理解能力和邏輯思維能力多比較強。在絕大多數時候能夠保持頭腦清醒，思路清晰，有很好的判斷力和決斷力，但缺乏耐性，容易急躁、發脾氣。

喜歡畫圓形的人，多凡事有一定的規劃和設計，喜歡按照事先的準備行事。他們多有很強的創造力和很豐富的想像力。

喜歡畫多層折線的人，多分析能力比較強，而且思維敏捷，反應速度快。

因爲單式折線代表內心不安，所以喜歡畫單式折線的人，在很多時候都處在一種相對緊張的狀態之中，情緒不穩定，時好時壞，讓人難以捉摸。

喜歡畫連續性環形圖案的人，多能夠將心比心，站在別人的立場上爲別人著想。他們在大多數情況下都對生活充滿了信心，而且適應能力很強，無論什麼樣的環境都能很快地融入其中。他們對現狀感到滿足。

喜歡在小格子中畫上交錯混亂線條的人，有恆心、有毅力，做什麼事情都有一股，不達目的誓不甘休的勁頭。

喜歡畫波浪形曲線的人，個性隨和，而且富於彈性，適應能力很強。善於自我安慰，遇事願意往好的方面想。

喜歡在一個方格內胡亂塗畫不規則線條的人，說明他的情緒低落，心理壓力很重，但不會產生悲觀厭世的想法，對人生還抱有很大的希望，並會尋找辦法，解脫自己，朝積極向上的方向努力。

喜歡畫不規則曲線和圓形圖形的人，心胸多比較開闊，心態也比較平和，對環境的適應能力很強，但有點玩世不恭。

喜歡畫不定型，但稜角分明圖形的人，多競爭意識比較強。爭強好勝，總是希望自己能夠勝人一籌，而事實上，他們也在不斷地爲此而努力，並且可以做出巨大的付出和犧牲。

喜歡畫尖角的圖案或紊亂的平行線的人，表明他的內心總是被憤怒和沮喪充斥著。

喜歡在格子中間畫人像的人，朋友很多，但敵人也不少。

喜歡寫字句的人，多是知識份子，想像力比較豐富，但常生活在想像當中，有點不切合實際。

喜歡畫眼睛的人，其性格中多疑的成分占了很大的比例。這一類型的人有比較濃厚的懷舊心理。

喜歡塗寫對稱圖形的人，做事多比較小心謹慎，而且遵循一定的計畫和規則。

小小短短的線，尤其是周圍有一大片空白，這些線不是相互平行，就是成直角排列。喜歡順手畫這些東西的人，多是性格比較內向的。他們對這個社會和自己所處的環境充滿了恐懼感，總是想辦法地逃避。他們可能也很聰明和智慧，但通常不會有什麼好的想法和創意，因爲他們總是被一些無形的東西，局限了正常的思維和思考，從而使得自己無法進行突破和超越。至於那些使他們受到局限的東西，相當程度上是由他們強加到自己身上的。

像雲一樣的彎曲造型，又像風扇和羽毛，喜歡順手塗寫這些東西的人，對新鮮事物的接收能力往往是很強的，而且也具有很好的適應能力。曲線一條包含著另一條，表示他們對周圍人是相當敏感的。在遭遇挫折和磨難的時候，他們多能夠保持相對的冷靜，積極尋找解決的辦法，而不是不加思考，貿然動手。而且這一類型的人，他們時常會沉浸在某種幻想當中，有一點不切合實際。

習慣於畫有角、兩度空間的四方形、三角形、五邊形等幾何圖形的人，他們多具有十分嚴密的邏輯性，而且是善於思考的。他們的組織能力相當強，但有時也會讓人產生錯覺，認爲他們太過於執著自己的信念。他們對那些想改變自己或否定自己意見、看法的人簡直無法容忍。他們在爲人處世等方面多少有一些保守，但在面對各種事物時，多能夠做到胸有成竹，知道自己該做些什麼，怎樣做。

喜歡畫三度空間的正方體、三稜錐、球體等幾何圖形的人，他們多比較深沉和穩重，比較現實和實際，性格彈性很大，在大多數時候能夠做到收發自如。在面對不同的情況時，他們能夠及時地調整自己。他們善於將比較抽象的東西變成具體化、通俗易懂的內容。他們多半有很好的經濟頭腦，是一塊做生意的料子。與人溝通能力也比較強。

喜歡畫飛機、輪船和火車的人，從所畫的圖形表面上理解，他們像是旅行愛好者，希望把各旅遊景點全部看完，但實際上，他們這是在發洩自己的憤怒和挫折感。他們時常會失去希望，而陷入到迷茫當中，並且在挫折和困難面前，表現得很消極。自信心並不強，對自己也不抱什麼希望，而總是把希望寄託在他人身上。

有趣的線條、圓圈和其他的圖形，這一類型的人多是極富有創造力的。對於許多未知的領域，他們都有相當濃厚的興趣，並打算進行嘗試。對他們而言，沒有什麼事情是絕對的，他們時常自相矛盾，一個問題，可能會有許多不同的答案。在生活中，他們時常會把自己弄

得筋疲力盡，可到最後卻還是無法理出一個頭緒。他們具有一定的才華，很博學，但卻沒有幾樣是十分精通的。

喜歡畫各種不同面孔的人，多是借畫畫的過程，發洩自己內心的某種情緒。喜歡畫一張笑臉的人多是知足常樂者；皺著眉頭的則恰恰相反，可能是永遠也不會感到滿足；苦瓜臉或是扭曲變形的臉，多代表他們的內心是非常痛苦和混亂不堪的；大眼睛則代表他們的生活態度非常樂觀；一臉茫然，用一個平凡的點代表眼睛，或是一條直線代表嘴巴，則表示心裡有疏離感。

不斷地畫同一個圖形的人，多有很強的獲得欲望。一般來說，這一類型的人，希望變成現實的機會都比較大，因爲他們有股不屈不撓的精神，一旦確定下了目標，就不會輕易地改變。他們在遭遇挫折的時候可能也會失望，但絕對不會放棄，他們會用最快的速度調整自己的心情，再去爭取。他們有野心也有幹勁，在什麼時候都知道自己在做些什麼。

喜歡畫花草樹木以及田園景象的人，多是性情溫和而又非常敏感的人。他們對形狀和顏色往往具有比其他人都突出的鑑賞力。這一類型的人多在文學、藝術等方面具有相當的才華和成就。他們淡泊名利，與世無爭，嚮往安靜平和的生活。

不斷地寫著自己的名字，練習各種新鮮的字體，這一類型的人自我表現欲望是相當強烈的，可能會為此做出一些讓人無法接受的事情來。他們會經常感到迷茫和無助，不知道自己該做些什麼。他們不斷地重複寫自己的名字，是一種潛意識的不斷的自我肯定，目的是克服目前困擾自己的某種情緒。

9 從處理信件的方式看人的性格

在現代社會中，通訊設施越來越先進，方便和快捷的通訊方式，在很多時候使很多人忘了還有寫信這件事，寫信進行溝通和交流，彷彿已是上個世紀很久遠的事情了。但這是針對一部分人而言的，寫信的聯繫方式雖然在今天已經不如前，但在一定範圍內還普遍存在著，所以對於從處理信件來觀察一個人，還是有必要的。另外順便強調一下，隨著科技的發展，很多人都上網，到網上去交流，在網上發電子郵件其實也是寫信的一種方式。

一收到信就打開，並在最短的時間內寫好回信的人，他們的時間觀念一般來說還是比較強的，希望盡快地把事情做好，然後去做其他的事情，同時也不希望對方等得太久。但也有一種情況是，他們只是在對信件的處理上表現得比較積極，因爲寫信的人是他比較重視的，但在其他方面則比較散漫和隨便，得過且過就可以了。

接到信以後，不開信也不看就把它丟在一邊不管，繼續做其他的事情。這樣的人，如果他不是存心要不看信，就表明他的工作、學習、生活是很忙的，時間被安排得很緊，至於那些不是特別重要的信件，自然就會放在一邊等到時間充裕的時候，再處理。當然，可能永遠不會有處理的時間。

接到信以後，請別人代自己打開信件，這樣的人對別人多是充滿信任感的，否則不會讓別人替自己打開信，畢竟信是屬於比較私人化的東西。並且他們不擅長隱藏自我，可以將許多祕密說出來與他人共同分享。這種人自我意識比較強，人際關係不會太好。但總的來說還是比較不錯，他們雖然比較以自我爲中心，但還較慷慨，憑這一點可以使自己贏得他人的信任。

在接到信以後，先仔細地看完寄信人的地址以後，再打開信看信的內容。這樣的人，生活態度多是比較嚴肅的，他們做事很有規則性，而且很徹底，要就不做，做一定要把它做得很好。

在接到信以後，進行一番選擇，先把私人信件挑出來，看完以後再去處理其他的信件。這樣的人多是感情比較細膩，而且特別重情誼的人，他們一般來說在性格上顯得有些脆弱，需要得到別人的安慰和扶持，這也是對私人信件比較看重的一個非常重要的原因。

喜歡閱讀垃圾信件的人，其好奇心是比較強烈的，他們希望能夠接受一切自己感興趣的東西。基於這一點，他們對新鮮事物的接收能力特別快。因爲有些東西是比較無聊的，他們在看的時候，又練就了自己的忍耐力和寬容力。

與上一種人相反，見到垃圾信件就丟掉的人，他們在爲人處世方面，都是比較小心和謹愼的，有自我防衛意識，不會輕易地相信某一個人。這一類型的人多少有些憤世嫉俗，所以顯得不夠圓滑和世故，所以人際關係會存在著一些不如意之處。

信箱總是滿滿的，從這一點就可以看出，其人際關係是相當不錯的，有很多可以用寫信的方式進行聯繫的朋友。這種人多屬外向型人，爲人多比較隨和親切，能夠關心人，爲他人著想，所以很容易獲得他人的信任和依賴，他們很滿足於這種什麼東西都有很多的良好感覺。

與信箱滿滿相對，信箱總是空空的人，性格是比較孤僻和內向的，不太容易與他人進行溝通和交流，心裡有很多屬於自己的隱私，但他們不會將這些說出來與他人分擔和分享。這樣的人由於性格註定自主意識比較強，凡事不用徵求其他人的意見，就有自己的主張，常我行我素。他們常走極端，不是過分的堅強，就是過分的脆弱。

10 從處理文件的方式看人

一個人在什麼樣的工作環境工作，可以創造出什麼樣的工作效率。在研究過程當中，一位效率研究專家仍然發現，員工辦公桌上的文件通常可以展現出他們的某些性格特徵。

1. **散放文件的人**。這種人是性情中人，辦事沒有主次之分，這裡一堆，那裡一堆，像是要搬家似的。盲目順從，沒有自己的主見，做工作難以有始有終；自我控制能力差，無法調節自己的情緒和習性適應新的外部環境；雖然接受工作的時候顯得很痛快，但要做好工作就沒那麼容易了。

2. **堆放文件的人**。這種人性格內向，喜歡幻想，做事不專注，文件資料堆放得亂七八糟，每找一份文件都要翻天覆地。他們工作能力較差，常常事倍功半；辦事缺乏條理性，無法循序漸進，也少有責任心，缺乏持之以恆的毅力，應該重新接受培訓，或改做其他與之素質相近的工作。

3. **亂塞文件的人**。這種人性格外向，虛榮心很強，華而不實，愛投機取巧，耍小聰明，靈活多變，注重外表，沒有多少才氣，對工作不認眞。愛做表面文章。一般人容易被他們乾

淨的桌面迷惑住，但只要拉開他們的辦公桌一切就都可以明白了。他們的辦公桌裡亂七八糟，什麼東西都有，根本讓人分不清是雜貨店還是辦公桌。

4. **認真整理文件的人**。這種人性格開朗大方，熱情，精力充沛，原則性很強，極富創新精神。做事認真負責，工作起來也很敬業。不管是桌面上，還是辦公桌裡，所有的文件資料都收拾得整整齊齊，而且分門別類。他們辦事條理清晰，有很強的組織和操作能力，所以通常辦事效率都很高；責任心強，凡事小心謹慎，認真負責，而且精益求精。缺點是不善於和人合作，過於武斷，聽不得半點意見。

11 從辦公桌的狀態看人

每個人在工作的時候都有一張辦公桌，那麼在這一張桌子上，如果夠仔細的話，也可以發現許多的祕密，這些祕密是什麼呢？這就是通過辦公桌所呈現出來的種種表象，觀察一個人到底是什麼樣的性格。

不管是辦公桌的桌面上，還是抽屜裡，都是整整齊齊的，各種物品都放在該放的位置上，讓人看起來有一種相當舒服的感覺，這表明辦公桌的主人辦事是極有效率的，他們的生活也很有規律，該做什麼事情，總會在事先擬定一個計畫，這樣不至於有措手不及的難堪。他們很懂得珍惜時間，能夠精打細算地用不同的時間來做更有意義的事情，而不是浪費掉。他們多半有些很高的理想和追求，並且一直在爲此而努力。但是他們習慣依照計畫做事，所以，對於一些出乎意料之外發生的事情，常常會令他們感到不知所措。在這一方面，他們的應變能力顯得稍微差一些。

在抽屜裡習慣放一些具有紀念意義的物品的人，多是比較內向的。他們不太善於交際，所以朋友不多，但僅有的幾個卻是非常要好的。他們很看重和這些人的感情，所以會分外珍

惜。他們有一些懷舊情結，總是希望珍藏下一些美好的回憶。但他們比較脆弱，容易受到傷害，而且做事也缺少足夠的恆心和毅力，常常會在挫折和困難面前不戰而退。

抽屜和桌面全部是亂七八糟的人，他們待人多相當親切和熱情，性格也很隨和，做事通常只憑自己的喜好和一時的衝動，三分鐘熱度過後，可能就會自然而然地放棄。他們缺少深謀遠慮的智慧，不會把事情考慮得太周密，也沒有什麼長遠的計畫。生活態度雖積極樂觀，但太過於隨便，不拘於小節，經常是馬馬虎虎，得過且過，但是他們的適應能力較一般人要強一些。

無論是桌面上還是抽屜裡，所有的文件都按照一定的次序和規則整理好，整齊而又乾淨，這一類型的人工作很有條理性，組織能力也很強，辦事效率比較高，而且具有較強的責任心，凡事都小心謹慎，避免失誤的發生，態度相當認眞。這樣的人雖然可以把屬於自己的工作做得很好，但是有一點墨守成規，缺乏冒險精神，所以不會有什麼開拓和創新。

桌面上收拾得很乾淨、很整潔，但抽屜內卻是亂七八糟，這樣的人雖然有足夠的智慧，但往往不能腳踏實地地做事，喜歡耍一些小聰明，做表面文章。他們的性格大多比較散漫、懶惰，爲人處世並不是十分可靠。在表面上看來，他們有比較不錯的人際關係，但實際上，卻沒有幾個人是可以眞正交心的，他們也是很孤獨的一群人。

各種文件資料總是這裡放一些，那裡也放一些，沒有一點規則，而且輕重緩急不分，這樣的人大多做起事來虎頭蛇尾，總也理不出個頭緒來。他們的注意力常被一些其他的事情分散，從而無法集中在工作上，自然也很難做出優異的成績。他們也想改變自己目前的這種狀況，但是自我約束能力很差，總是向自我妥協，過後又後悔不迭，不過緊接著又會找各種理由來安慰自己。

桌子和抽屜裡都像是垃圾堆，找一樣東西，往往要把所有的東西全部翻遍，到最後可能還是找不到，這樣的人工作能力差，效率也極低，他們的邏輯思辨能力非常糟糕，也多缺乏足夠的責任心。

12 從緩解壓力的方式判斷人的心理

社會發展越快，競爭越激烈，而人的壓力也就越大。生存壓力和生活壓力像兩座大山一樣壓在人的背上，是一種什麼樣的感覺是可想而知的。在這樣一種情況下，人很容易就會疲勞、心煩意亂，嚴重的還可能導致產生心理疾病，以致精神崩潰，這不是危言聳聽的事情。

壓力的存在，是個人能力無法改變的，但爲了保持身體和心理的健康，更好地加入到競爭之中，可以進行自我調節，找到一種放鬆的方式。用什麼樣的方法放鬆要根據自己的實際情況和需要來決定，這可以反映出一個人的性格。

以形態心理療法來放鬆自己的人，大多是完美主義者，他們凡事總要盡力追求完整，形成一個整體形象，否則的話，就會感到不安。他們自身從整體來看，也是不錯的，但卻並不能如他們自己所預料的那樣，被他人注意。

用運動的方式來放鬆自己，這是一種很有效的方式，在運動的疲憊中，可以暫時忘記一切。這一類型的人，多半比較內向，缺少朋友，輕易也不會向他人傾訴自己的心事，尤其是比較熟悉的人，不過陌生人倒還是可以考慮一下。他們意志堅強，在挫折和困難面前，雖然有時也會表現得失望和頹廢，但卻是暫時的，他們大多數還能夠勇敢地站起來，去面對一切。他們是做的比說的要多的人。

採用自然療法放鬆自己的人，他們多是比較開朗和樂觀的，很得周圍人的喜歡。他們待人真誠、樸實，說話直截了當，有什麼說什麼，憑著自己的感覺走，不會遮遮掩掩。但這是在工作之外，他們厭惡工作，所以很難以單純、自然、放鬆的心情投入到工作當中。在工作中，他們什麼事也沒有，就會突然間感到特別煩躁。

採用睡覺放鬆自己的人，多半是很聰明而且實際的，他們無論在什麼時候都知道自己的目標，並且會努力尋找一種最簡單、最快捷的方法去實現它。他們有一些固執，並不會輕易地接受他人的意見和建議，但如果請一位權威性的人物對其進行說服，也許會產生一定的作用。他們對一些原則和理論上的東西並不十分看重，而是著眼於非常具體的，看得見摸得著的實例。

採用行為治療法放鬆自己，這一類型的人，有很多並沒有什麼主張，他們很容易向他人妥協，聽從他人的安排和調度，他們是樂於被他人領導的一群人。不願意自己動腦筋思考，而是喜歡他人把一切都安排得好好的，自己只要按著去做就可以了。他們對自己的要求比較嚴格，會盡力把每一件事情做好。

不接受任何治療方法，只是順其自然，此一類型的人，有較強的獨立自主觀念，無論發生什麼事情，在絕大多數時候，他們並不企圖依靠外界的力量來解決，而只是寄望於自己，並且也對自己充滿了信心。他們並不相信誰，尤其是那些被絕大多數人視若神明的人，更有點不屑一顧。他們自給自足，很容易滿足，而且不希望現狀被改變。

13 從電話的形狀看人修養

通訊技術以日新月異的速度發展著，通訊工具變得越來越方便和先進。電話幾乎成了每家必備的東西，電話可以使人與外界進行更好的溝通和交流。一個人使用什麼樣的電話，在一定程度上，表現出他在與人溝通時所採取的一種普遍態度，通過電話的類型，可以看出一個人的性格中友善、謹慎的成分有多大，對人是充滿愛意還是心懷敵意等各種情緒。

使用的是標準黑色電話的人，他們的生活多很節儉，從來不會亂花一分錢。他們對人有一定的戒備心理，並不會輕易地就相信誰，即使給予他人關心和幫助，也會在證實對方確實需要自己的關心，和幫助之後才會給予。他們說話做事乾脆、果斷，說到做到，拿得起也放得下，從不拖泥帶水，而且在任何情況面前都能保持冷靜。他們不太在乎自己的穿著打扮，多以樸素的裝扮示人。

喜歡掛壁式電話的人，多具有較充沛的精力，他們可以在同一時間內，同時做幾件事情，而且這幾件事情都能做得很好。他們多半具有很強的社交能力，所以結識了很多不錯的朋友，營造出了良好的人際關係。他們在與人交往方面要花費很大一部分的時間，和精力，但這並不影響他們對家庭所負的責任和義務，他們能夠做到兩者兼備。

公主型的電話，是那些有很多浪漫情感的人所喜歡的，這一類型的人，大多小時候嬌生慣養，所以在長大以後會比較任性。他們多有較強的虛榮心，喜歡被好聽的話和漂亮的東西包圍著，而且還好做白日夢，生活有些不切合實際。但他們對生活的態度還是比較積極和樂觀的，活得比較快樂，並且能把自己的快樂傳遞給他人，讓他人也快樂起來。他們的思維多比較單純。

選擇能夠記錄下電話號碼，然後自動撥號型電話的人，他們多有比較強的依賴心理，總是希望有人能夠幫助自己解決一些問題。他們在面對壓力的時候，常常會有退縮的念頭產生。他們的生活總是顯得特別忙碌，雖然十分珍惜時間，但到最後卻往往見不到什麼成效。

選擇擴音器電話的人，他們多希望自己生活的空間是相當自由和開闊的，狹小或是密閉型的地方，總會讓他們感到非常緊張。他們在很多時候會保持積極和樂觀的生活態度，而且脾氣很好，從來不會輕易動怒，對他人也具有一定的寬容力和忍耐力。

按不同的鍵會有不同的電子音符奏出不同的音樂，喜歡這種類型電話的人多是易衝動，脾氣較暴躁，沒有多少耐性的人。

選擇隱藏式電話的人，大多比較冷淡和漠然，並不希望與他人有過多的接觸，他們不想

讓他人眞正地走近和瞭解自己，所以在通常情況下都會隱藏自己的眞情實感，而把一個虛假的自己呈現在他人面前。而正是他們這種對一切都漠不關心的態度會吸引很多人的注意力，成爲一個焦點人物，他們很孤獨，沒有歸屬感。

喜歡樣式非常奇特的電話，這一類型的人在很多時候、很多方面都會顯得與這個社會整體格格不入，他們言談舉止顯得非常古怪和唐突，常常讓人感覺無法接受。但是他們卻較富有同情心，樂於與人交往。在緊急時刻，應變能力也比較強。

選擇無線電話的人，多自主意識比較強，從來不希望被任何一件事情綑綁住手腳，這樣他們就可以自由自在、隨心所欲地想做什麼就做什麼。他們似乎永遠都沒有安靜下來的時候，總是忙忙碌碌的。但是他們很聰明，懂得怎樣才能不使自己招惹上是非。

14 從看電視的習慣推斷對方

若想瞭解一個人的性格，只要認眞仔細地觀察他在生活中的各個細節，在絕大多數情況下，都會有一些收穫。看電視在我們的生活當中，幾乎是一項不可缺少的重要內容，但是你知道嗎，通過看電視，也可以觀察出一個人的性格特點。

一邊看電視一邊做其他的一件或是幾件事情，如邊看電視邊看報紙、打毛衣或是吃東西。這固然和所看電視節目的內容有一定的關係，但也表明，這樣的人多有很好的彈性，能較容易地適應各種各樣的環境。在條件允許，甚至是不允許的情況下，他們都很願意向自己、向外界進行挑戰，嘗試新鮮的事物。

在看電視的時候，能夠保持精神高度的集中，這樣的人多半辦事比較認眞，做任何一件事情都能夠全身心地投入。而且這類人情感比較細膩，有豐富的想像力，很容易與他人產生共鳴。

在看電視的時候看著看著就睡著了，除去工作特別累，人非常疲勞的情況外，這種類型的人的性格多是隨和而又樂觀的，在挫折和困難面前，他們往往也能夠笑著坦然面對，並積極地尋找各種方法，力爭到最後輕鬆地解決。

一遇到自己不喜歡的節目就立即轉台，這樣的人耐心和忍受力都不是特別強，但他們很懂得節儉，不會浪費時間、金錢、財力、物力等。這一類型的人，獨立性很強，不屑於那種一哄而起，一哄而散的人。

15 從手機放的位置識別男人心

時下，幾乎每人都有一支手機。如果你想更快地看透男友的心，那麼只要你留心一下他的手機是放在哪個位置的，就能輕鬆讀透一個眞實男人的心！然後你再對症下藥，保證讓你心愛的男人更加出色！

1. 習慣把手機放於上衣口袋

他們習慣將手機放在胸前如：襯衫上衣口袋、西裝的內側口袋，這樣的男人做事不急不徐，不溫不火，腳踏實地，會盡一切的努力讓生活朝著他所預定的目標前進。這種男人往往比較成熟、穩重，是那種可以讓女性終身依賴的男人。

愛情方面：表面上，他不一定擁有兩性關係的主導權，但是在內心裡，他可是操盤手。對他來說，愛情與麵包是同樣重要的。

工作方面：因爲他富有遠見卓識，就算現在的他還很年輕，尚未能在事業上有重要的建樹，但將有頗爲理想的發展前景。

性愛方面：隨著年齡的增長，性將對他逐漸失去吸引力，尋求心理上的滿足會隱藏在潛意識裡。

性情方面：對形象過度重視。

2.習慣把手機握在手裡

習慣將手機一直拿在手上的人，對生活有極高的熱情，不到非休息不可的最後一分鐘，這個男人是不會上床休息的，你可能會發現他喜歡睡在浴缸裡，或躺在客廳的電視機前。

愛情方面：他對伴侶的期待，是希望你有如戰場上的戰友，和他一起對抗一切困難險阻，不過對情緒的敏感程度是很有限的。如果你眞心愛他，就必須先調整好自己對兩性關係的期待，因爲愛情對他來說極其重要。

工作方面：因爲他的精神飽滿、精力充沛，如果是從事社會交往較頻繁、活動量大的工作，他的發展前景將會很理想，而這對於他來說也會有如魚得水的快樂，因爲他總是喜歡挑戰，喜歡刺激，不甘心平庸安穩的生活。

性愛方面：對性的欲望需求很高。

性情方面：有時候會有點不負責任的態度出現，但這也許是他任性的表現。

3.習慣把手機懸掛於腰間

很多男人會將手機掛在腰帶上，原因可能是手機太大，沒有其他合適的地方放，出現這

樣的情形你可以問他，如果可以選擇的話，他會把手機放在何處。如果他還是選擇掛在腰上時，你可以再注意一下他所掛的位置。掛在前方的男人，對生活中的所有事物，都有一套自己獨特的想法和做法，對生活的態度是坦率而眞誠的。掛腰帶後方的男人，對生活也很有創意，只是可能凡事喜歡留一手，不將事情完全說清楚，因爲這是他的習慣，也是他的樂趣。

愛情方面：對愛情的態度是積極並且主動的，表達的方式或許因人而異，但是他絕對不會放棄對你表達愛意的任何一個機會。

工作方面：「賺錢養家是男人的責任」，對他來說是天經地義的事，所以他會很努力地工作，甚至一天兼職三、四份工作，並且以此爲樂。

性愛方面：對性的觀念很傳統。

性情方面：或許你會發現他對生活的感覺有點粗糙，換個角度看，這也是男人和女人魅力不同的地方啊！

4. 習慣把手機放於後褲袋

將手機放在牛仔褲或西褲後褲袋的男人，表達方式是溫和、友善，卻帶著強烈的戒備心，他有著一些不希望人知道的小祕密，對愈疏遠的朋友表達反而愈親密，愈接近他的身邊，卻發覺他愈疏遠。

愛情方面：在愛情的關係方面，他會令你感到若即若離、忽遠忽近的。如果你深陷其中不可自拔，請務必小心經營你們的愛情。聽說過放風箏的方式嗎？要得到他的愛，先給他充分的自由。

工作方面：對工作抱著很多的理想和抱負，但常陷在思考的泥沼裡，多了一點玩心，少了一點耐心。如果他的創意能與實幹型的伙伴配合的話，將會有意料不到的成功。

性愛方面：柏拉圖式的愛情，愛與性是並存的。

性情方面：他的情緒起伏很大，容易多愁善感，大多是因爲心裡不爲人知的小祕密造成的。

5.習慣把手機放在看不到的地方

所謂「看不到的地方」，就是將手機放在背包或者公事包裡。這樣的男人做事一定深思熟慮、胸有成竹。對自我的要求很高，自尊心很強，舉止優雅有風度，對人親和卻很少採取主動。

愛情方面：對伴侶的要求嚴格，除了喜歡你、愛你之外，最好你還是個各方面都很優秀的女性。這樣的性格使他對愛情會有失落感的，因爲百分之百完美的女性幾乎是不存在的。

工作方面：他是天生受上天恩寵的人，有著無窮潛力，只要抓住一次成功的機會，就有

可能平步青雲。但因爲他太突出，往往會招來一些小人的嫉妒，所以他要注意自己的處事方式。

性愛方面：很溫柔。

性情方面：過於追求完美也會給你帶來一些壓力，你要多鼓勵他敞開胸懷，做一個快樂的自我。

6.經常忘帶手機

他是不是又忘了帶手機了呢？像這種經常忘了帶的習慣也是有一些暗示的喔！如果你不瞭解他的生活目標，不要驚訝，他自己也處在迷糊的狀態；不過不同的是，他可是個樂天派的人，是那種俗稱「沒大腦」的男人。這種男人性格外向，爲人和藹可親，喜歡廣交朋友。

愛情方面：雖然他看起來馬馬虎虎，但對愛可是很清楚的，是個典型的「嘴花心不花」的可愛男人。

工作方面：雖然老闆常找不到他，卻因爲他對工作和對人的熱情，在職場也會很出色的。

性愛方面：他關注的重點是過程及有趣程度。

性情方面：這個男人是大智若愚的典型，在他的身上，缺點有可能就是優點喲！

16 由開車習慣觀察對方心理

一個人控制汽車的方式和控制自己的方式，有許多相似之處。如果把車子視爲一個人肢體的延伸，那麼開車的方式，就是肢體語言的機械化身。一個人在方向盤上的舉動，反映出他對每天社交遭遇的心情與態度。因此，同樣地，一個人在路上與其他車子所產生的關係，也正是生活中與他人關係的寫照。

從來不開車的人大多自主意識不強烈，他們的依賴性比較強，缺乏足夠的安全感，時常會陷入到一種孤獨、無助的境況裡。他們多有較強的自卑感，時常進行自我否定，習慣於被人領導，而不是領導他人。他們缺乏積極的冒險精神，樂於跟在他人後邊做事，這樣可以逃避許多責任，出了差錯，自己也不會有太大的損失。基於這一點，他們不會取得巨大的成就。他們很在乎他人對自己的評價，這幾乎完全控制著他們的一舉一動、一言一行。

開車但沒有駕照的人，在很多時候喜歡對他人指手畫腳，但又總不能完整地表達自己的意圖，最後做出來的結果，與想像的存在著很大的差距。他們希望自己的生活時刻充滿足夠的刺激，他們會不斷地創造這樣的機會。這一類型的人，並不能稱得上是十足的行動主義

者，常常說得天花亂墜，但自我表現卻充滿了消極的色彩。他們是「想贏但卻怕輸」的性格。

按規定速度開車的人，車對他們而言只是一種代步的工具，他們開車的目的並不是爲了尋找某種刺激，所以他們能夠心態平和地以正常的速度開車。這一類型的人比較傳統和保守，他們在爲人處世中大多採取中庸的態度，即使有很大的勝算，也不會冒險。他們遵紀守法，從來不做出軌的事。他們爲人誠實可信，不馬虎，所以會與他人建立良好的人際關係。

駕車速度比規定速度低很多的人，他們最突出的一個性格特徵就是，膽小怕事，對於這一點，他們自己感到很苦惱，而親戚朋友也對此極度失望。在一般情況下，這一類型的人的嫉妒心也是很強烈的，他們嫉妒或是嫉恨那些超越自己的人。他們想奮起直追，可又常常跨越不出自我的藩籬。同時，他們對自己缺乏足夠的自信，總是覺得什麼也把握不住。他們在渴望的同時，又在極力避免任何東西放在自己的手裡，一旦有某些東西，諸如權力和金錢等掌握在自己手裡，他們就會將其威力減弱到最小程度。

喜歡超速行駛的人，大多自主意識比較強，他們討厭任何一個人爲自己立下一定的規矩，並且也不允許有人這樣做，如果有人強行要做的話，他們可能就會採取相當極端，甚至是非常危險的方式來進行阻止，以維護自己。他們對生活的態度是積極、樂觀和向上的。他

們對名利看得相當淡泊，只是隨心所欲，自己活得快樂就好。從某種程度來說，他們對金錢和權勢是憎惡的。

由他人駕車，自己習慣於坐在後座的人，一般來講，他們的取勝欲望相當強烈，從來不願意自己輸給他人。他人的成就對他們來說是一種威脅，他們害怕自己會失敗，所以會嚴格要求自己成功。正是在這種激勵之下，他們才會不斷地前進。他們的自信心很強，而且有良好的自我感覺，並不斷地尋找機會以證明自己的重要性。他們希望他人對自己有強烈的依賴性，凡事都來徵求一下自己的意見。

遇到紅燈或是塞車等情況，大聲地按喇叭，這一類型的人，大多是外向型的，脾氣暴躁、易怒，在現實生活中，遇到不如意的事情，他們會經常尖叫、大喊、發脾氣。他們隨機應變的能力並不是很強，尤其是在挫折和困難面前，往往不知所措。他們自信心不強，周圍人對他們而言常常是巨大的威脅。他們很少有心平氣和的時候，總是顯得焦慮和不安，而這種情緒的產生可能並沒有什麼原因或是理由。他們做事效率低，自身的能力也不突出，看不到他們有什麼樣的成就，但卻總是顯得匆匆忙忙的。

開車的時候不換擋的人，他們多半不希望自己的一切都被他人安排得好好的，他們更熱衷於自己獨立去探索一條完全屬於自己的道路來走，哪怕在這條路上到處都有坎坷不平，他們也毫不在乎。他們不會輕易地向別人請教，而是喜歡憑自己的感覺做事，與此相反，他們會時常給別人一些指教。他們具有一定的責任心，任何一件事情都能夠盡職盡責。

只要綠燈一亮，就搶先往前衝，這一類型的人，多頭腦比較靈活，反應比較敏捷，隨機應變的能力強。他們習慣於凡事搶先一步行動，這從某種程度上講，是爲他們的成功創造了許多機會。他們對成功的渴望往往要比其他人更強烈一些，他們有較強的競爭意識，生活態度也比較積極，但由於經驗的不足，也會時常跌倒。

等到綠燈亮了之後，最後一個發動車子的人，在他們的性格中，冷靜、沉穩的成分比較多。他們在爲人處世等方面都是比較小心和謹愼的，總是要等到具有一定的把握以後才會行動。他們追求的最終目的是安全有保障，給自己帶來的損失越小越好，他們爲了保護自己，很懂得收斂，從來不會表現得鋒芒畢露，這樣可以避免被人拒絕，或是被人傷害。

17 由主持會議的風格看人的特徵

一個人如若做點事情，無論是工作還是學習，他就都會有參加或是出席某一會議的機會。在會議中如若擔任主角——負責主持，那麼怎樣才能取得最後的成功呢？這與主持者對場面的控制能力，以及他的主持風格有很大的關係。通過這兩個方面，也能觀察出一個人的性格。

在主持會議時，採用獨裁方式的人，多是具有一定身份、地位和能力的人，並且他們很看重自己目前所擁有的一切。他們多有較強的自信心和意志力，在很多時候能夠做到心裡有數，遇事也有泰然自若的魅力。但通常，他們又比較固執，輕易不會接受他人的意見和看法。

在主持會議時，把所有的與會者都當成是自己的學生，唯恐他們聽不明白自己在講些什麼，一而再、再而三地爲之講解，甚至達到渾然忘我的境界。這一類型的人，大多屬於專家級的人物，在某一學術領域非常精通。他們具有一定的權威意識。他們在爲人處世等方面往往表現得心高氣傲，不拘於世俗，除了自己的專業之外，對其他的事情，他們總是顯得很漠

然。

在會議中占用大半的時間以表現自己，訴說自己的種種成就或是一些意見和看法，這一類型的人，多是一些能夠贏得領導上司依賴的紅人，他們常常以自己所處的特殊位置而感覺自豪，並且還時常目中無人。這種人，頭腦多比較靈活，隨機應變能力比較強。但缺乏責任心，在事故面前，總會想辦法爲自己辯解，以逃脫責任。

在主持會議時，只負責把上級的命令傳達給下級，把下級的意見反映到上級那裡，這一類型的人多比較圓滑和世故。他們只要在條件允許的情況下，絕對不會輕易地得罪誰，他們樂於當好好先生，雖然自己把許多事情看得都很透，但嘴上卻不會輕易說什麼。

主持會議時的表現溫文有禮，而又非常謙虛，這樣的人多是有一定發展前途的。他們在會議上的表現還算自然，可以暢所欲言，提出自己的意見和建議，可是由於他們顯得非常理智，缺少感情色彩，從而會減弱自身的魅力，給人留下的印象也會相對的淡一些。

18 從日常交流的動作語言看人

我們要完完全全地認識一個人，只聽他說出的話是遠遠不夠的，因爲他的話可能是眞也可能是假，還有可能半眞半假。在日常生活當中，人們只依靠一張嘴，是很難完成交際溝通的，以及眞實全面地傳達出自己的感情，於是採用了一些輔助手段。手舞足蹈，說的是人高興時的手足動作；抓耳撓腮，說的是人著急時候的樣子；張牙舞爪，說的是人兇惡的的表現等，從中不難看出身體的動作，可以做爲表達情感的輔助工具，也可以從中窺出一個人的性格特徵。所以要想深入瞭解周圍人的眞情實感，可以從細心留意他們的一舉一動入手。

1. 習慣性點頭的人

這種人比較關心他人和體貼別人，知道給予配合的重要性。及時表達自己的認同，可以使說話者增強自信和對談論話題深入思考，並得以充分發揮，有利於找出最好的解決問題的方法，於人於己都有好處。在生活和工作當中，他們同時也是願意向他人伸出援手的人，能夠尊重對方的弱點，在力所能及的範圍內尋求解決方案，具有熱心助人的性格特徵。能夠聆聽對方的全部說話內容，並給予認眞的思考，讓說話者會有被認可的感受，所以會認可和欣

賞他們，把他們當成可以深交的伙伴。他們也是一些愛交朋友的人，這不僅表現在能夠給予朋友力所能及的幫助，而且還在內心深處關懷和體貼朋友，處處爲朋友著想，時時想著爲他們排憂解難，準備隨時幫助朋友，最爲難得的是經常在尚未得到別人請求協助的時候便伸出了援手。

2. 東拉西扯，頻頻打斷別人話題的人

這種人傾向於冒進，欠缺穩重，給人一種毛頭小子的感覺，很少有人會和他們長時間地交流，更別提促膝而談，所以他們很少有眞正的朋友和可以依靠的人。除非有求於他們，但必須提防的是他們做事往往虎頭蛇尾，雷聲大，雨點小，所以千萬不要把全部的希望都寄託到他們身上，否則定會吃大虧。

3. 心不在焉的人

這種人屬於精神渙散者。他們不重視談話過程，自然不會在意談話內容，假設用心聽了，那也是粗枝大葉，丟三落四。這種結果的外在表現是他們辦事容易拖拉，一延再延，因爲他們根本就不知道對方讓自己做什麼，而且得過且過；如果目標已經明確，條件也具備和成熟，他們卻又往往無法把精力集中起來，或是一心二用，或是馳心旁騖，接到手中的任務，往往不了了之，毫無責任感，終身難有所成就。

4. 乘人不注意窺視他人的人

這種人屬於心術不正類型。自身根本就沒有什麼特長或驚人之處，但卻總是想著能夠「不鳴則矣，一鳴驚人」。他們不知如何才能實現這個願望，而現實當中，又很少有人願意理會這些空想家，結果使他們的自尊心受到很大的傷害。爲了實現自己的白日夢，向世人證明自己的存在價值，他們學會了工於心計，善使機巧。

5. 凝視對方的人

凝視是一種意志力堅定的表現，往往不用過多言語和動作，就已經顯得咄咄逼人了，而且不管是男人還是女人，都表明他或她現在是充滿力量的強者。如果眼光眞的可以殺人，他們的凝視肯定可以成爲致命武器，因爲與這種目光接觸，難免會有受到攻擊的恐慌。其實，大多數人之所以凝視他人，只是爲了想看穿對方的性格而已，並無實際攻擊意圖。

6. 動作誇張的人

哪怕是雞毛蒜皮的小事，他們也要跳上跳下，擾得周圍的人不得安寧。但他們的本質是好的，並不是存心想要別人不舒服，之所以會這樣，其實是按捺不住熱情和好強，認爲光靠言語不足以表達心中熾熱的感情，所以必須加進一些誇張的動作，來表達自己的內心想法，以引起他人的注意和進行思考。可是在他們的內心深處，通常存在著極度的敏感和不安，他們無法確定自己的這種方式，能否被別人認可和喜歡。

7.喜歡目光接觸的人

眼睛是心靈的視窗，與別人目光接觸，無疑是主動向對方展示自己的內心，表明既希望能夠深入瞭解對方，也爲對方瞭解自己敞開了大門。他們充滿了自信和直爽，從不懷疑自己的動作會給他人帶來不愉快。他們懂得爲他人著想，所以做事專心，盡量滿足大家的要求，希望做出好的成績讓公眾認可自己，接納自己；懂得禮貌，在交際中的作用，能夠把握分寸，非常適合需要面對面進行交流的工作。

8.坐立不安、精力充沛的人

這種人給人一種事業型的感覺，而他們也正是按照事業類型打造自己的。由於身邊的工作機會很多，爲了早日實現自己的目標，他們不允許自己錯過任何機會，積極投入身邊的所有事情當中，忙完這個忙那個，放下一頭又抓起另一頭，結果「心急吃不了熱豆腐」，疲於奔命，造成極度的緊張，無法專心致志於分內工作，得不償失。

19 從使用的通訊錄看人

由於名片的大量使用，既節省時間，又顯示身份，還不受外界條件限制，隨時都可以使用；而手機的存儲功能，又給通訊錄一個沉重的打擊，相當程度地節省空間和時間，所以通訊錄大有被社會淘汰的趨勢。但是做爲大眾來說，通訊錄，還是一種非常重要的生活用品，名片必定有用完的一刻，沒電的手機是無論如何也工作不了的，所以通訊錄丟不得，濃縮其中的性格也不可不知。

1. **使用昂貴通訊錄的人**

他們是頭腦很清醒的一族，知道自己這一世不能單打獨鬥，一些能夠給予自己幫助的人是必不可少的。他們選擇這樣的通訊錄，也是爲了提醒對方，自己對他們珍視的程度，同時也向他們保證自己會極力維繫彼此間的關係。由於生活艱辛和複雜多變，他們常常以失敗告終，但心胸開闊的他們只會將一些名字更加珍重，做爲一次教訓的紀念。

2. **使用廉價通訊錄的人**

使用這種通訊錄最大的優點，就是隨時都可以丟掉而無半點的可惜，通訊錄通常來自

「一元商店」或公司贈品；對通訊錄這種態度，與對同事和朋友的自然沒什麼兩樣，輕鬆地來，簡簡單單地去，沒有拖泥帶水的留戀。將心比心，他們容易把別人忘記，他人同樣不會對他們依依不捨。他們喜歡新鮮的東西，住處、工作、朋友和情人。

3. 使用皮夾或皮包式通訊錄的人

他們會莫名其妙地不安，生活中的很多事情都讓他們畏縮不前，比如到新的公司工作、去探望一個有權威的人士、到醫院檢查身體等。這個時候，他們一點也不會顯得著急或緊迫，他們非常清楚哪個朋友可以幫助自己度過這個難關，因爲他們非常自信自己所建立起來的人際關係網。懷揣著這樣的通訊錄，無疑擁有了一顆定心丸。

4. 每年都更換通訊錄的人

將有用的人轉到新的通訊錄上，沒有用的人連同舊通訊錄一同丟進垃圾筒，於是他們給人勢利眼的感覺。這種做法雖然讓人恐懼，但要清楚的是這是誠實的表現，他們不會做虛僞的事，從來都將眞實的自我呈現在大眾面前，這也是乾脆俐落的表現。

5. 珍藏通訊錄的人

昔日所有的感情都歸結於歷史，盡管消失得很遠，但他們依然希望能夠再度擁有。雖然大家已經各奔東西，但他們還是興致勃勃地在無人的時候，給故友打電話，特別是舊情人，

雖然常常得到他人的拒絕，但他們還是對其他的人深情依舊，將失望很快地忘記。他們是十足的情感王子。

6. 沒有通訊錄的人

口袋中皺皺巴巴的紙團記錄著一個電話號碼、看過的書中夾著一張寫著電話號碼的紙條、手臂上還隱隱約約有著昨天記下的號碼、牆上的電話號碼更是密密麻麻。不僅電話號碼漫天飛，其他的生活用品諸如襪子、鞋子和髒衣服等更是觸目皆是。也許他們是為了創作而無暇顧及身邊的這些瑣事，但一屋不掃卻要掃天下的狂想，恐怕沒有幾個人能實現得了。

20 從購物的方式中看對方

請別人代自己購物的人，多是時間安排得非常緊，工作和學習非常繁忙的人。在他們看來，購物算不上是一件什麼大事，不值得自己抽出寶貴的時間親力親爲。他們在爲人處世等各個方面多是比較傳統的，會盡量使大家對自己滿意。

在商品打折時選購物品的人，他們大多比較實際和現實，懂得精打細算，甚至有點唯利是圖。他們固執，遇事雖會與他人協商，但最後卻會頑強地堅持自己的觀點不放。他們會很滿足於自己占優勢，而他人在無可奈何的情況下不得不放棄的感受。

看目錄購物的人，多組織性、原則性強，凡事都喜歡按照一定的規律和計畫完成，否則他們可能會感到手足無措。這一類人比較健忘，所以需要不斷地有人提醒他們，在什麼時間去做什麼事情。他們的隨機應變能力並不強，偶發的事件，嚴重的會讓他們無法接受。

喜歡全家人一同出外購物的人，多半有較傳統和保守的價值觀，家庭在他們的心目中的地位是無可替代的，他們對家庭有著強烈的責任感和深深的依戀，家庭很可能是他們一切行爲的最基本出發點，家庭直接影響著他們爲人處世的習慣，而他們的家庭也是非常和睦的。

在他人看來他們整天圍著家庭轉，生活似乎太乏味了，但他們自己卻很滿足於目前的這一種生活。他們感覺較有安全感，他們的生活態度是非常實在的，選購的物品多既經濟又實惠。

願意花一整天時間來購物的人，多半比較開朗和樂觀，他們常常沒有理由地就會感覺心情不錯。他們較有耐性，總是能夠找到很多理由和藉口安慰自己，使自己堅持到最後。他們有勃勃的野心，常常會爲自己設定許多遠大的理想和目標，並且實現起來態度也相當積極，可是他們的那些理想和目標，從某種程度上來說並不現實，所以到最後多半無法夢想成眞。但在這個過程中，他們做一些事情還是有收穫的。

需要的時候沒有，不需要的以後購買的人，似乎在任何一方面行動都要比別人慢一拍，但他們並不爲此而惱火。他們的表現欲望很強，希望自己能夠引起他人的注意，所以時常會故意耍一些小伎倆。

國家圖書館出版品預行編目資料

觀人於細：別讓行為出賣你 / 萬劍聲著. -- 初版. --
新北市：華夏出版有限公司, 2023.06
面； 公分. --（Sunny 文庫；300）
ISBN 978-626-7296-10-3（平裝）
1.CST: 行為心理學

176.8 112002588

Sunny 文庫 300
觀人於細：別讓行為出賣你

著 作 萬劍聲
印 刷 百通科技股份有限公司
電話：02-86926066 傳真：02-86926016
出 版 華夏出版有限公司
220 新北市板橋區縣民大道 3 段 93 巷 30 弄 25 號 1 樓
電話：02-32343788 傳真：02-22234544
E-mail： pftwsdom@ms7.hinet.net
劃撥帳號 19508658 水星文化事業出版社
總 經 銷 貿騰發賣股份有限公司
新北市 235 中和區立德街 136 號 6 樓
電話：02-82275988 傳真：02-82275989
網址：www.namode.com
版 次 2023 年 6 月初版一刷
特 價 新台幣 320 元（缺頁或破損的書，請寄回更換）

ISBN-13： 978-626-7296-10-3
尊重智慧財產權・未經同意請勿翻印（Printed in Taiwan）